Python para informáticos

Explorando la información

Version 2.7.2

Charles Severance

Prefacio

Python para informáticos: Remezclando un libro libre

Entre los académicos, siempre se ha dicho que se debe "publicar o morir". Por ello, es bastante habitual que siempre quieran crear algo desde cero, para que sea su propia obra original. Este libro es un experimento que no empieza desde cero, sino que "remezcla" el libro titulado *Think Python: How to Think Like a Computer Scientist* (Piensa en Python: Cómo pensar como un informático), escrito por Allen B. Downey, Jeff Elkner, y otros.

En diciembre de 2009, yo estaba preparándome para enseñar **SI502 - Networked Programming** (Programación en red) en la Universidad de Michigan por quinto semestre consecutivo y decidí que ya era hora de escribir un libro de texto sobre Python que se centrase en el manejo de datos en vez de hacerlo en explicar algoritmos y abstracciones. Mi objetivo en SI502 es enseñar a la gente habilidades para el manejo cotidiano de datos usando Python. Pocos de mis estudiantes planean dedicarse de forma profesional a la programación informática. La mayoría esperan llegar a ser bibliotecarios, administradores, abogados, biólogos, economistas, etc., aunque quieren aplicar con eficacia la tecnología en sus respectivos campos.

Como no conseguía encontrar un libro orientado a datos en Python adecuado para mi curso, me propuse escribirlo yo mismo. Por suerte, en una reunión de la facultad tres semanas antes de que empezara con el nuevo libro (que tenía planeado escribir desde cero durante las vacaciones), el Dr. Atul Prakash me mostró el libro *Think Python* (Piensa en Python) que él había usado para su curso de Python ese semestre. Se trata de un texto sobre ciencias de la computación bien escrito, con explicaciones breves y directas y fácil de entender.

La estructura general del libro se ha cambiado para conseguir llegar a los problemas de análisis de datos lo antes posible, y contiene, casi desde el principio, una serie de ejemplos y ejercicios con código, dedicados al análisis de datos.

Los capítulos 2–10 son similares a los del libro *Think Python*, pero en ellos hay cambios importantes. Los ejemplos y ejercicios dedicados a números han sido reemplazados por otros orientados a datos. Los temas se presentan en el orden adecuado para ir construyendo soluciones de análisis de datos progresivamente más sofisticadas. Algunos temas, como `try` y `except`, se han adelantado y son

presentados como parte del capítulo de condicionales. Las funciones se tratan muy
someramente hasta que se hacen necesarias para manejar programas complejos,
en vez de introducirlas en las primeras lecciones como abstracción. Casi todas las
funciones definidas por el usuario han sido eliminadas del código de los ejemplos
y ejercicios, excepto en el capítulo 4. La palabra "recursión"[1] no aparece en todo
el libro.

En los capítulos 1 y 11–16, todo el material es nuevo, centrado en el uso con
problemas del mundo real y en ejemplos sencillos en Python para el análisis de
datos, incluyendo expresiones regulares de búsqueda y análisis, automatización de
tareas en el PC, recepción de datos a través de la red, rastreo de páginas web en
busca de datos, uso de servicios web, análisis de datos XML y JSON, y creación
y uso de bases de datos mediante el lenguaje de consultas estructurado (SQL).

El objetivo final de todos estos cambios es pasar de un enfoque de ciencias de la
computación a uno puramente informático, incluyendo solamente temas de tecnología básica que puedan ser útiles incluso si los alumnos al final eligen no conver-
tirse en programadores profesionales.

Los estudiantes que encuentren este libro interesante y quieran adentrarse más en
el tema deberían echar un vistazo al libro de Allen B. Downey *Think Python*. Gracias a que hay muchos temas comunes en ambos libros, los estudiantes adquirirán
rápidamente habilidades en las áreas adicionales de la programación técnica y ra-
zonamiento algorítmico que se tratan en *Think Python*. Y dado que ambos libros
tienen un estilo similar de escritura, deberían ser capaces de moverse rápidamente
por *Think Python* con un mínimo de esfuerzo.

Como propietario de los derechos de *Think Python*, Allen me ha dado permiso
para cambiar la licencia del material de su libro que aparece también en éste,
desde la GNU Free Documentation License (Licencia de Documentación Libre) a
la más reciente Creative Commons Attribution – Share Alike license. Esto sigue
un cambio general en las licencias de documentación abierta, que están pasando
del GFDL al CC-BY-SA (como, por ejemplo, Wikipedia). El uso de la licencia
CC-BY-SA mantiene la tradicional fortaleza del copyleft a la vez que hace que
sea más sencillo para los autores nuevos el reutilizar este material como les resulte
más provechoso.

Creo que este libro sirve como ejemplo de por qué los materiales libres son tan
importantes para el futuro de la educación, y quiero agradecer a Allen B. Downey
y al servicio de publicaciones de la Universidad de Cambridge por su amplitud de
miras al permitir que este libro esté disponible con unos derechos de reproducción
abiertos. Espero que estén satisfechos con el resultado de mis esfuerzos y deseo
que tú como lector también estés satisfecho con *nuestros* esfuerzos colectivos.

Quiero agradecer a Allen B. Downey y a Lauren Cowles su ayuda, paciencia y
orientación en la gestión y resolución del tema de los derechos de autor en torno a
este libro.

---

[1] Excepto, por supuesto, en esta línea.

Charles Severance
www.dr-chuck.com
Ann Arbor, MI, USA
9 de Septiembre de 2013

Charles Severance es un profesor clínico asociado en la *School of Information* de la Universidad de Michigan.

Índice general

Capítulo 1

¿Por qué debería aprender a escribir programas?

Escribir programas (o programar) es una actividad muy gratificante y creativa. Puedes escribir programas por muchas razones, desde por mantenerte activo hasta por resolver un problema difícil de análisis de datos o por divertirte ayudando a otros a resolver cualquier cuestión. Este libro asume que *todo el mundo* necesita saber programar, y que una vez que sepas programar ya encontrarás tú mismo la forma de aplicar tus recién adquiridas habilidades.

En nuestra vida diaria estamos rodeados de computadores, que van desde portátiles hasta teléfonos móviles. Podemos pensar en esos equipos como nuestros "asistentes personales", que son capaces de ocuparse de muchas cosas por nosotros. El hardware en los equipos que usamos a diario está creado esencialmente para hacernos continuamente la pregunta, "¿Qué quieres que haga a continuación?"

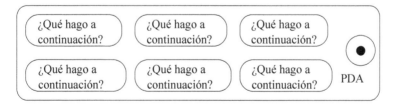

Los programadores añaden un sistema operativo y un conjunto de aplicaciones al hardware y así tenemos al final un Asistente Personal Digital que resulta bastante útil y capaz de ayudarnos a hacer muchas cosas diferentes.

Nuestros equipos son rápidos, tienen gran cantidad de memoria y podrían resultarnos muy útiles si tan solo conociéramos el lenguaje que debemos hablar para explicar a la máquina qué queremos que "haga a continuación". Si conociéramos ese lenguaje, podríamos pedirle al equipo que realizase tareas repetitivas para nosotros. Precisamente, el tipo de cosas que los computadores hacen mejor suelen ser el tipo de cosas que los humanos encuentran aburridas y soporíferas.

Por ejemplo, echa un vistazo a los primeros tres párrafos de este capítulo y dime cual es la palabra más utilizada y cuántas veces se ha usado. A pesar de que seas capaz de leer y entender las palabras en unos pocos segundos, contarlas resulta casi doloroso, porque no es el tipo de problema que las mentes humanas fueron diseñadas para resolver. Para un PC[1] es justo al revés: leer y comprender texto de un trozo de papel es algo complicado para él, pero contar las palabras y decir cuántas veces se ha usado la más frecuente le resulta muy sencillo:

```
python words.py
Introduzca fichero:words.txt
que 8
```

Nuestro "asistente de análisis de información personal" nos dirá rápidamente que la palabra "que" se ha usado ocho veces en los primeros tres párrafos de este capítulo.

El hecho de que los PCs sean buenos en cosas en las que los humanos no lo son es el motivo por el que necesitas ser capaz de hablar "lenguaje de PC". Una vez que hayas aprendido ese nuevo idioma, podrás delegar tareas mundanas en tu socio (la máquina), dejando más tiempo libre para ti, de modo que puedas dedicarte a aquellas otras cosas para las que estás más capacitado. Serás el encargado de poner la creatividad, intuición e inventiva a esa asociación.

1.1. Creatividad y motivación

Aunque este libro no está dirigido a programadores profesionales, la programación profesional puede ser un trabajo muy gratificante, tanto a nivel financiero como personal. Construir programas útiles, elegantes e ingeniosos para que otros los usen es una actividad muy creativa. Tu equipo o Asistente Personal Digital (PDA[2]), normalmente contienen muchos programas diferentes de multitud de grupos de programadores distintos, cada uno de los cuales compite por tu atención e interés. Esos programadores intentan hacerlo lo mejor que saben para adaptarse a tus necesidades y a la vez proporcionarte una buena experiencia como usuario. En algunos casos, cuando eliges un programa determinado, los programadores son directamente recompensados por tu elección.

Si pensamos en los programas como salida creativa para grupos de programadores, tal vez la figura siguiente sea una versión más apropiada de tu PDA:

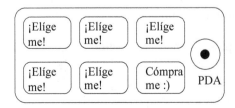

---

[1]Personal Computer, es decir, computadora u ordenador personal (Nota del trad.)
[2]Personal Digital Assistant (Nota del trad.)

Por ahora, nuestra motivación principal no es conseguir dinero o gustar más a los usuarios finales, sino ser nosotros mismos más productivos en el manejo de los datos y la información que encontraremos en nuestras vidas. Al principio, serás tanto programador como usuario final de tus propios programas. Cuando ganes en habilidad como programador y la programación se haga más creativa para ti, tus objetivos podrán cambiar hacia el desarrollo de programas para otros.

1.2.   Arquitectura hardware del PC

Antes de que empecemos a aprender el idioma que deberemos hablar para dar instrucciones a los PCs para desarrollar software, necesitamos aprender un poco acerca de cómo están construidos los equipos. Si desmontaras tu PC o teléfono móvil y mirases dentro, encontrarías los siguientes componentes:

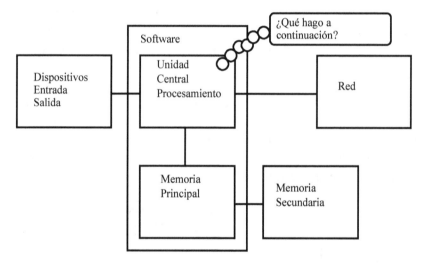

Las definiciones de alto-nivel de esos componentes son las siguientes:

- La **Unidad Central de Procesamiento** (o CPU) es la parte del equipo que está construida para estar obsesionada con el "¿qué es lo siguiente?" Si tu PC está clasificado como de 3.0 Gigahercios, significa que la CPU va a preguntar "¿Qué hago a continuación?" tres mil millones de veces por segundo. Tendrás que aprender a hablarle muy rápido para mantener el ritmo de esa CPU.

- La **Memoria Principal** se usa para almacenar la información que la CPU necesitará enseguida. La memoria principal es casi tan rápida como la CPU. Pero la información almacenada en la memoria principal desaparece cuando el equipo se apaga.

- La **Memoria Secundaria** se utiliza también para almacenar información, pero es mucho más lenta que la memoria principal. La ventaja de la memoria secundaria es que puede mantener almacenada la información incluso cuando el equipo está apagado. Ejemplos de memoria secundaria son las unidades de disco o las memorias flash (que se encuentran normalmente en lápices USB y reproductores de música portátiles).

- Los **Dispositivos de Entrada y Salida** son simplemente la pantalla, teclado, ratón, micrófono, altavoces, touchpad, etc. Son todos los aparatos que utilizamos para interactuar con el PC.

- En la actualidad, la mayoría de los PCs disponen también de una **Conexión de Red** para recibir información a través de la red. Podemos pensar en la red como en un sitio muy lento donde se almacenan y recuperan datos, que puede no estar siempre "activado". Así que en cierto sentido, la red es una forma lenta y a veces poco fiable de **Memoria Secundaria**.

Aunque la mayoría de los detalles de cómo funcionan estos componentes es mejor dejarlos para los que construyen los equipos, resulta útil tener cierta terminología con la que referirnos a todas estas partes distintas mientras escribimos nuestros programas.

Como programador, tu trabajo es usar y orquestar cada uno de esos recursos para resolver el problema que necesites solucionar y analizar los datos que obtengas de la solución. Como programador, principalmente estarás "hablando" con la CPU y diciéndole qué debe hacer a continuación. A veces le dirás a la CPU que use la memoria principal, la memoria secundaria o los dispositivos de entrada/salida.

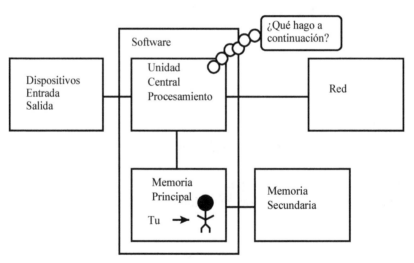

Tú debes ser la persona que conteste a la pregunta de la CPU "¿Qué hago a continuación?". Pero sería muy incómodo encogerse hasta los 5mm de altura y meterse dentro de la máquina sólo para poder pasarle un comando tres mil millones de veces por segundo. Así que en vez de eso, deberás darle por escrito las instrucciones por adelantado. Llamaremos a esas instrucciones almacenadas un **programa**, y al acto de escribir las instrucciones y conseguir que sean correctas, **programar**.

1.3. Comprendiendo la programación

Durante el resto de este libro, intentaremos convertirte en una persona hábil en el arte de programar. Al final serás un **programador** — tal vez no un programador profesional, pero al menos tendrás la capacidad de echar un vistazo a un problema de análisis de datos/información y desarrollar un programa para resolverlo.

En cierto sentido, necesitas dos habilidades para ser un programador:

- En primer lugar, debes dominar el lenguaje de programación (Python) - debes conocer su vocabulario y su gramática. Debes ser capaz de escribir las palabras en este nuevo lenguaje correctamente y saber cómo construir "frases" bien formadas en este lenguaje.

- En segundo lugar, debes "contar una historia". Al escribir una historia, combinas palabras y frases para transmitir un concepto al lector. Son necesarios habilidad y arte para construir la historia, y esa habilidad se mejora precisamente escribiendo y obteniendo cierta respuesta. En programación, nuestro programa es la "historia" y el problema que se está tratando de resolver es el "concepto".

Una vez que aprendas un lenguaje de programación como Python, encontrarás mucho más sencillo aprender un segundo lenguaje como JavaScript o C++. Cada nuevo lenguaje de programación tendrá un vocabulario y gramática muy diferentes, pero la forma de resolver problemas va a ser la misma en todos ellos.

Aprenderás el "vocabulario" y "frases" de Python muy rápidamente. Te costará un poco más ser capaz de escribir un programa coherente para resolver un problema nuevo. Se enseña a programar de forma muy similar a como se enseña a escribir. Se comienza leyendo y explicando programas, después se escriben programas sencillos, y poco a poco se va incrementando su complejidad. En algún momento "encuentras tu musa" y comienzas a descubrir los patrones por ti mismo, siendo capaz de tomar un problema y escribir un programa para resolverlo. Y una vez se ha alcanzado ese punto, la programación se convierte en un proceso muy agradable y creativo.

Comenzaremos con el vocabulario y estructura de los programas en Python. Ten paciencia si la simplicidad de los ejemplos te recuerdan a cuando empezaste a leer por primera vez.

1.4. Palabras y frases

A diferencia de los idiomas humanos, el vocabulario de Python es actualmente bastante reducido. Llamamos a ese "vocabulario" las "palabras reservadas". Son palabras que tienen un significado muy especial para Python. Cuando Python encuentra esas palabras en un programa, tienen un significado y sólo uno para

Python. Más adelante, cuando escribas programas, compondrás tus propias palabras, que tendrán significado para ti, llamadas **variables**. Tendrás una gran libertad para escoger los nombres para tus variables, pero no podrás usar ninguna de las palabras reservadas de Python.

Cuando se entrena a un perro, se usan palabras especiales como "siéntate", "quieto", y "traelo". Cuando hablas con un perro y no usas ninguna de las palabras reservadas, sólo consigues que te mire con cara extraña hasta que le digas una palabra reservada. Por ejemplo, si le dices: "Me gustaría que hubiera más gente que se dedicase a pasear para mejorar su salud", lo que la mayoría de los perros oirían sería: "bla bla bla **pasear** bla bla bla bla.". Esto se debe a que "pasear" es una palabra reservada en el idioma del perro. Mucha gente sugeriría que el idioma entre humanos y gatos no tiene palabras reservadas[3].

Las palabras reservadas en el idioma en que los humanos hablan con Python contiene las siguientes:

```
and        del        from       not        while
as         elif       global     or         with
assert     else       if         pass       yield
break      except     import     print
class      exec       in         raise
continue   finally    is         return
def        for        lambda     try
```

Eso es todo, y a diferencia de un perro, Python ya está completamente entrenado. Cuando utilices "try", Python lo intentará cada vez que se lo digas sin equivocarse[4].

Aprenderemos esas palabras reservadas y cómo usarlas a su debido tiempo, pero por ahora nos centraremos en la equivalencia en Python de "habla" (en el idioma humano-a-perro). Lo bueno de pedirle a Python que hable es que podemos incluso decirle qué debe decir, pasándole un mensaje entre comillas:

```
print '¡Hola, mundo!'
```

Y ya hemos escrito nuestra primera frase sintácticamente correcta en Python. La sentencia comienza con la palabra reservada **print**, seguida por una cadena de texto de nuestra elección, encerrada entre comillas simples.

1.5.   Conversando con Python

Ahora que ya conocemos una palabra y una sentencia simple en Python, debemos aprender cómo comenzar una conversación con Python para probar nuestras nuevas habilidades.

---

[3]http://xkcd.com/231/

[4]"try" puede traducirse como "intentar"(Nota del trad.)

Antes de que puedas conversar con Python, deberás instalar el software de Python en tu equipo, y aprender a ponerlo en marcha. La explicación sobre cómo conseguirlo excede el propósito de este capítulo, así que te sugiero que consultes www.pythonlearn.com, donde tengo instrucciones detalladas y capturas de pantallas sobre cómo instalar y poner en marcha Python en sistemas Macintosh y Windows[5]. En algún momento, terminarás en un terminal o ventana de comandos, escribirás **python**, y el intérprete de Pyhton comenzará a ejecutarse en modo interactivo, apareciendo algo como lo siguiente:

```
Python 2.6.1 (r261:67515, Jun 24 2010, 21:47:49)
[GCC 4.2.1 (Apple Inc. build 5646)] on darwin
Type "help", "copyright", "credits" or "license" for more information.
>>>
```

El prompt o indicador >>> es el modo que tiene el intérprete de Python de preguntarte: "¿Qué quieres que haga a continuación?". Python está preparado para tener una conversación contigo. Todo lo que tienes que hacer es hablar el idioma de Python.

Imaginemos por ejemplo que no conoces ni siquiera la más simple de las palabras o frases del lenguaje Python. Tal vez quieras usar la línea habitual que siguen los astronautas cuando aterrizan en un planeta remoto y quieren hablar con sus habitantes:

```
>>> Venimos en son de paz, por favor llevadnos ante vuestro lider
  File "<stdin>", line 1
    Venimos en son de paz, por favor llevadnos ante vuestro lider
              ^
SyntaxError: invalid syntax
>>>
```

Esto no está funcionando. A menos que pienses en algo rápido, los habitantes del planeta probablemente te clavarán sus lanzas, te ensartarán en un asador, te cocinarán sobre el fuego, y te usarán como cena.

Por suerte has comprado una copia de este libro durante el viaje, así que lo hojeas hasta llegar precisamente a esta página y pruebas de nuevo:

```
>>> print '¡Hola, mundo!'
¡Hola, mundo!
```

Esto tiene mejor aspecto, así que intentas comunicarte un poco más:

```
>>> print 'Tú debes ser el dios legendario que viene del cielo'
Tú debes ser el dios legendario que viene del cielo
>>> print 'Hemos estado esperándote durante mucho tiempo'
Hemos estado esperándote durante mucho tiempo
>>> print 'Nuestras leyendas dicen que debes estar muy sabroso con mostaza'
Nuestras leyendas dicen que debes estar muy sabroso con mostaza
```

---

[5]En los capítulos finales del libro también encontrarás dos apéndices con instrucciones sobre la instalación de Python en esos sistemas (Nota del trad.)

```
>>> print 'Vamos a tener un festín esta noche a menos que nos digas
  File "<stdin>", line 1
    print 'Vamos a tener un festín esta noche a menos que nos digas
                                                                   ^
SyntaxError: EOL while scanning string literal
>>>
```

La conversación fue bien durante un rato, y entonces, en cuanto cometiste el mínimo error al usar su lenguaje, Python volvió a apuntarte con las lanzas.

En este momento, ya deberías haberte dado cuenta de que, a pesar de que Python
es increíblemente complejo, potente y muy exigente con la sintaxis que debes usar
para comunicarte con él, Python *no* es inteligente. En realidad tan sólo estás man-
teniendo una conversación contigo mismo, eso sí, usando una sintaxis correcta.

En cierto sentido, cuando usas un programa escrito por otra persona, la conversación se mantiene entre tú mismo y esos otros programadores, con Python actuando
como intermediario. Python es un modo de que los creadores de programas puedan expresar cómo creen que deben desarrollarse las conversaciones. Y dentro de
unos pocos capítulos más, tú serás uno de esos programadores que usan Python
para hablar con los usuarios de sus programas.

Antes de terminar nuestra primera conversación con el intérprete de Python, probablemente debas saber cual es el modo correcto de decir "adios" cuando estás
interactuando con los habitantes del Planeta Python:

```
>>> adios
Traceback (most recent call last):
  File "<stdin>", line 1, in <module>
NameError: name 'adios' is not defined

>>> if you don't mind, I need to leave
  File "<stdin>", line 1
    if you don't mind, I need to leave
             ^
SyntaxError: invalid syntax

>>> quit()
```

Te habrás dado cuenta de que el error es diferente en los primeros dos intentos,
a pesar de ser ambos incorrectos. El segundo error es diferente porque **if** es una
palabra reservada, y Python vió la palabra reservada en la frase y creyó que estabas
intentando decirle algo, pero encontró la sintaxis de la sentencia incorrecta[6].

El modo correcto de decir "adios" a Python es introducir **quit**() en el indicador
interactivo >>>. Probablemente te hubiera llevado un buen rato adivinarlo, así que
es posible que el tener un libro a mano esté empezando a resultarte útil.

---

[6]en el segundo intento se escribió "si no te importa, tengo que marcharme". Se ha conservado el
mensaje en inglés, ya que la palabra que causa el error en ese caso es **if** (si) (Nota del trad.)

1.6. Terminología: intérprete y compilador

Python es un lenguaje de **alto nivel**, que intenta ser relativamente sencillo de escribir y leer para los humanos y fácil de leer y procesar para los PCs. Hay otros lenguajes de alto nivel, como Java, C++, PHP, Ruby, Basic, Perl, JavaScript, y muchos más. El hardware existente dentro del la Unidad Central de Procesamiento (CPU) no comprende ninguno de estos lenguajes de alto nivel.

La CPU entiende un lenguaje que se llama **código máquina**. El código máquina es muy simple y francamente muy cansado de escribir, porque en él todo está representado por ceros y unos:

```
0101000111010010010101000000001111
1110011000001110101001010101101101
...
```

El código máquina superficialmente parece muy sencillo, dado que sólo hay ceros y unos, pero su sintaxis es incluso más complicada y mucho más enrevesada que la de Python. Así que muy pocos programadores utilizan este lenguaje. En vez de eso, se han construido varios traductores para permitir a los programadores escribir en lenguajes de alto nivel, como Python o JavaScript, y esos traductores convierten luego los programas a código máquina para que la CPU pueda ejecutarlos.

Dado que el código máquina está ligado al hardware del equipo, ese código no es **portable** a través de los diferentes tipos de hardware. Los programas escritos en lenguajes de alto nivel pueden ser trasladados a diferentes equipos usando un intérprete distinto en cada máquina, o recompilando el código para crear una versión en código máquina del programa para cada nuevo equipo.

Estos traductores de lenguajes de programación se clasifican en dos categorías generales: (1) intérpretes y (2) compiladores.

Un **intérprete** lee el código fuente del programa tal y como lo ha escrito el programador, analiza ese código fuente e interpreta las instrucciones al vuelo. Python es un intérprete, y cuando estamos haciéndolo funcionar de forma interactiva, podemos escribir una línea de Python (una sentencia), y Python la procesa inmediatamente y queda listo para que podamos escribir otra nueva línea.

Algunas de las líneas de Python le indican que lo que queremos es recordar cierto valor para más tarde. Debemos elegir un nombre para que ese valor sea recordado y podremos usar ese nombre simbólico para recuperar el valor después. Usamos el término **variable** para referirnos a las etiquetas que utilizamos para manejar esos datos almacenados.

```
>>> x = 6
>>> print x
6
>>> y = x * 7
>>> print y
42
>>>
```

En este ejemplo, le pedimos a Python que recuerde el valor seis y use la etiqueta **x**, para que podemos recuperar ese valor más tarde. Comprobamos que Python ha guardado de verdad el valor usando **print**. A continuación le pedimos a Python que recupere **x**, lo multiplique por siete y coloque el nuevo valor calculado en **y**. Finalmente, le pedimos a Python que imprima el valor que está en ese momento en **y**.

Aunque estemos escribiendo estos comandos en Python línea por línea, Python los está tratando como una secuencia ordenada de sentencias, de modo que las últimas sentencias son capaces de recuperar datos creados en las anteriores. Estamos escribiendo nuestro primer párrafo simple, con cuatro frases en un orden lógico y útil.

El **intérprete** ha sido creado para ser capaz de tener una conversación interactiva como la que se muestra más arriba. Un **compilador**, en cambio, necesita que le entreguen el programa completo en un archivo, y después ejecuta un proceso para traducir el código fuente de alto nivel a código máquina. A continuación el compilador guarda el código máquina resultante en un archivo para su posterior ejecución.

Si usas un sistema Windows, a menudo esos programas ejecutables en código máquina tienen un sufijo (o extensión) como ".exe" or ".dll", que indican "executable (ejecutable)" y "dynamic link library (librería de enlace dinámico)" respectivamente. En Linux y Macintosh no hay un sufijo que marque de forma única un archivo como ejecutable.

Si abrieras un archivo ejecutable en un editor de texto, se mostraría algo completamente disparatado e ilegible:

```
^?ELF^A^A^A^@^@^@^@^@^@^@^@^@^B^@^C^@^A^@^@^@\xa0\x82
^D^H4^@^@^@\x90^]^@^@^@^@^@^@4^@ ^@^G^@(^@$^@!^@^F^@
^@^@4^@^@^@4\x80^D^H4\x80^D^H\xe0^@^@^@\xe0^@^@^@^E
^@^@^@^D^@^@^@^C^@^@^@^T^A^@^@^T\x81^D^H^T\x81^D^H^S
^@^@^@^S^@^@^@^D^@^@^@^A^@^@^@^A\^D^HQVhT\x83^D^H\xe8
....
```

No es fácil leer o escribir código máquina, así que está bien que tengamos **intérpretes** y **compiladores** que nos permitan escribir en lenguajes de alto nivel, como Python o C.

En este momento del debate acerca de compiladores e intérpretes, deberías estar preguntándote algunas cosas sobre el mismo intérprete de Python. ¿En qué lenguaje ha sido escrito? ¿Ha sido escrito en un lenguaje compilado? Cuando escribimos "python", ¿qué es exactamente lo que ocurre?

El intérprete de Python está escrito en un lenguaje de alto nivel llamado "C". Puedes ver el código fuente real del intérprete de Python acudiendo a www.python.org, y usar ese código como quieras. Así que el propio Python es también un programa, y está compilado en código máquina. Cuando instalaste Python en tu

PC (o el vendedor lo instaló), pusiste una copia del código máquina del programa Python traducido para tu sistema. En Windows, el ejecutable en código máquina del propio Python es probablemente un archivo con un nombre similar a:

```
C:\Python27\python.exe
```

Esto ya es más de lo que en realidad necesitas saber para ser un programador en Python, pero a veces es mejor responder a estas típicas preguntillas justo al principio.

1.7. Escribir un programa

Escribir frases en el intérprete de Python es una buena forma de experimentar con las características de Python, pero no resulta recomendable para resolver problemas de cierta complejidad.

Cuando queremos escribir un programa, usamos un editor de texto para escribir las instrucciones de Python en un archivo, que se denomina **script**. Por convención, los scripts en Python tienen nombres que terminan en .py.

Para ejecutar un script, hay que indicarle al intérprete de Python el nombre del archivo. En una ventana de comandos de Unix o Windows, se puede escribir python hello.py así:

```
csev$ cat hello.py
print '¡Hola, mundo!'
csev$ python hello.py
¡Hola, mundo!
csev$
```

El "csev$" es el prompt (indicador) del sistema operativo, y el comando "cat hello.py" nos está mostrando que el archivo "hello.py" contiene un programa Python de una línea que imprime una cadena.

Estamos llamando al intérprete de Pyhton e indicándole que lea el código fuente del archivo "hello.py", en vez de ir escribiendo nosotros las líneas de código Python de forma interactiva.

Habrás notado que dentro del archivo no es necesario poner **quit**() al final del programa. Cuando Python está leyendo el código fuente desde un archivo, sabe parar cuando alcanza el final del fichero.

1.8. ¿Qué es un programa?

La definición más básica de un **programa** es que se trata de una secuencia de sentencias de Python que han sido creadas para hacer algo. Incluso nuestro sencillo script **hello.py** es un programa. Es un programa de una sola línea y no particularmente útil, pero en su más estricta definición, es un programa Python.

Debería ser más sencillo entender qué es un programa si pensásemos en un problema que pudiera resolverse mediante programación, y a continuación estudiásemos
cómo sería el programa que resolviera ese problema.

Imaginemos que estás haciendo una investigación sobre estadística social en los
mensajes de Facebook, y estás interesado en saber cuál es la palabra que se usa
con mayor frecuencia en una serie de mensajes. Podrías imprimir la cadena de
mensajes de Facebook y estudiar detenidamente el texto, buscando la palabra más
común, pero eso te llevaría mucho tiempo y probablemente cometerías errores.
Sería más inteligente escribir un programa en Python para realizar la tarea rápidamente y con precisión, y así poder pasar el fin de semana haciendo algo divertido.

Por ejemplo, mira el texto siguiente acerca de un payaso y un coche. Fíjate en el
texto y busca cual es la palabra más utilizada y cuántas veces se repite.

```
el payaso corrió detrás del coche y el coche se metió en la carpa
y la carpa se cayó sobre el payaso y el coche
```

Después imagina que estás haciendo esta tarea buscando en millones de líneas de
texto. Francamente, te resultaría más rápido aprender Python y escribir un programa para contar las palabras que revisarlas manualmente una a una.

La buena noticia es que a mí ya se me ha ocurrido un programa simple para encontrar la palabra más común en un archivo de texto. Lo he escrito, probado, y
ahora te lo doy a ti para que lo uses y puedas ahorrarte algo de tiempo.

```
nombre = raw_input('Introduzca fichero:')
manejador = open(nombre, 'r')
texto = manejador.read()
palabras = texto.split()
contadores = dict()

for palabra in palabras:
    contadores[palabra] = contadores.get(palabra,0) + 1

mayorcantidad = None
mayorpalabra = None
for palabra,contador in contadores.items():
    if mayorcantidad is None or contador > mayorcantidad:
        mayorpalabra = palabra
        mayorcantidad = contador

print mayorpalabra, mayorcantidad
```

No necesitas ni siquiera saber Python para utilizar este programa. Deberás llegar hasta el capítulo 10 de este libro para comprender del todo las impresionan-
tes técnicas que se han usado para crear el programa. Eres el usuario final, sólo
tienes que utilizar el programa y maravillarte de su habilidad y de cuánto esfuerzo manual te ha ahorrado. Simplemente escribe el código en un archivo llamado
words.py y ejecútalo, o descarga el código fuente de http://www.pythonlearn.
com/code/ y hazlo funcionar.

Éste es un buen ejemplo de cómo Python y su lenguaje están actuando como intermediarios entre tú (el usuario final) y yo (el programador). Python es para nosotros un modo de intercambiar secuencias de instrucciones útiles (es decir, programas) en un lenguaje común que puede ser usado por cualquiera que instale Python en su equipo. Así que ninguno de nosotros estamos hablando *a Python*, sino que estamos comunicándonos mutuamente *a través de* Python.

1.9.   Los bloques de construcción de los programas

En los próximos capítulos, aprenderemos más acerca del vocabulario, estructura de las frases, estructura de los párrafos, y estructura de las historias de Python. Aprenderemos sobre las potentes capacidades de Python y cómo usar esas capacidades juntas para crear programas útiles.

Hay ciertos modelos conceptuales de bajo nivel que se usan para construir programas. Estas estructuras no son exclusivas de los programas Python, sino que son parte de cualquier lenguaje de programación, desde el código máquina hasta los lenguajes de alto nivel.

entrada: Obtiene datos del "mundo exterior". Puede consistir en leer datos de un archivo, o incluso de algún tipo de sensor, como un micrófono o GPS. En nuestros programas iniciales la entrada provendrá del propio usuario, escribiendo datos en el teclado.

salida: Muestra el resultado del programa en la pantalla o lo almacena en un archivo; o a veces lo envía a un dispositivo, como puede ser un altavoz, para reproducir música o leer texto.

ejecución secuencial: Ejecuta sentencias una detrás de otra, en el orden en que se encuentran en el script.

ejecución condicional: Comprueba ciertas condiciones y después ejecuta u omite una secuencia de sentencias.

ejecución repetida: Ejecuta cierto conjunto de sentencias repetidamente, normalmente con alguna variación.

reutilización: Se escriben un conjunto de instrucciones una vez y se las da un nombre para después reutilizarlas cuando sean necesarias en cualquier otra parte del programa.

Parece demasiado simple para ser verdad, y por supuesto nunca es tan simple. Es como decir que caminar es simplemente "poner un pie delante del otro". El "arte" de escribir un programa es componer y entrelazar juntos estos elementos básicos muchas veces, para producir algo que sea útil a sus usuarios.

El programa anterior que calcula el número de palabras usa directamente todos estos patrones, excepto uno.

1.10.   ¿Qué es posible que vaya mal?

Como hemos visto en nuestra primera conversación con Python, deberemos comunicarnos de forma muy precisa cuando escribamos código Python. La mínima desviación o error provocará que Python deje de ejecutar nuestro programa.

Los programadores novatos a menudo se toman el hecho de que Python no deje espacio para errores como una prueba de que Python es perverso, odioso y cruel. Aunque a Python parece que le gustan todos los demás, reconoce a los novatos y les guarda rencor. Debido a ese rencor, Python toma sus programas perfectamente escritos y los rechaza como si fueran "inútiles" sólo para atormentarnos.

```
>>> primt '¡Hola, mundo!'
  File "<stdin>", line 1
    primt '¡Hola, mundo!'
                        ^
SyntaxError: invalid syntax
>>> primt 'Hola, mundo'
  File "<stdin>", line 1
    primt 'Hola, mundo'
                      ^
SyntaxError: invalid syntax
>>> ¡Te odio, Python!
  File "<stdin>", line 1
    ¡Te odio, Python!
              ^
SyntaxError: invalid syntax
>>> si sales fuera, te daré una lección
  File "<stdin>", line 1
    si sales fuera, te daré una lección
            ^
SyntaxError: invalid syntax
>>>
```

Hay poco que ganar discutiendo con Python. Sólo es una herramienta. No tiene emociones, es feliz y está listo para servirte en cualquier momento que le necesites. Sus mensajes de error parecen crueles, pero son simples peticiones de ayuda de Python. Ha examinado lo que has escrito y sencillamente no es capaz de entender lo que has puesto.

Python se parece mucho a un perro: te quiere incondicionalmente, pero sólo es capaz de entender unas pocas palabras clave, así que te mira con una expresión adorable en su cara (>>>),y espera a que tú le digas algo que él pueda comprender. Cuando Python dice "SyntaxError: invalid syntax", está simplemente agitando su cola y diciendo: "Me parece que has dicho algo, pero es que no comprendo lo que significa. De todos modos, sigue hablando conmigo, por favor (>>>)."

Cuando tus programas vayan aumentando su complejidad, te encontrarás con tres tipos de errores en general:

Errores de sintaxis: Estos son los primeros errores que cometerás y los más fáciles de corregir. Un error de sintaxis quiere decir que has violado las reglas de la "gramática" de Python. Python hace lo que puede para indicar la línea y el carácter correctos en donde cree que está la confusión. Lo único complicado de los errores de sintaxis es que a veces el error que se necesita corregir está en alguna línea del programa anterior a aquella en la cual Python emite el *aviso*. De modo que la línea y el carácter que Python indica en un error de sintaxis pueden ser sólo un punto de partida para tu investigación.

Errores lógicos: Un error lógico es cuando tu programa tiene una sintaxis correcta, pero existe un error en el orden de las sentencias o tal vez un error en cómo las sentencias se relacionan unas con otras. Un buen ejemplo de un error lógico sería, "toma un trago de tu botella de agua, ponla en tu mochila, camina hasta la biblioteca, y luego vuelve a poner el tapón a la botella."

Errores semánticos: Un error semántico se produce cuando la descripción de los pasos a seguir es sintácticamente perfecta y se realiza en el orden correcto, pero sencillamente existe un error en el programa. El programa es perfectamente correcto, pero no realiza aquello que tú *pretendías* que hiciera. Un ejemplo sencillo podría ser si tú estuvieses indicando a alguien el camino hacia un restaurante y dijeras: "...cuando llegues a la intersección con la gasolinera, gira a la izquierda, continúa durante kilómetro y medio y el edificio rojo que encuentres a tu derecha será el restaurante." Tu amigo se retrasa y te llama para decirte que está en una granja, dando vueltas alrededor de un granero, sin que haya señal alguna de un restaurante. Entonces le preguntas: "¿Giraste a la izquierda o a la derecha en la gasolinera?", y él responde: "Seguí al pie de la letra tus indicaciones, las tengo por escrito, y decían que debía girar la izquierda y continuar kilómetro y medio desde la gasolinera." Entonces le dices: "Lo siento mucho, porque aunque mis instrucciones son sintácticamente correctas, por desgracia contienen un pequeño e indetectado error semántico.".

Cuando se produce cualquiera de los tres tipos de error, se debe una vez más a que Python está intentando por todos los medios hacer exactamente lo que tú le has pedido.

1.11. El viaje de aprendizaje

Según vayas avanzando por el resto del libro, no te asustes si los conceptos no parecen encajar bien unos con otros al principio. Cuando estabas aprendiendo a hablar, no supuso un problema que durante los primeros años sólo pudieras emitir lindos balbuceos. Y también fue normal que te llevara seis meses pasar de un vocabulario simple a frases simples y que te llevara 5-6 años más pasar de frases a párrafos, y que todavía tuvieran que transcurrir unos cuantos años más hasta que fuiste capaz de escribir una historia corta interesante por ti mismo.

Pretendemos que aprendas Python mucho más rápidamente, por lo que te enseñaremos todo al mismo tiempo durante los próximos capítulos. Aún así, ten en cuenta que esto es como aprender un idioma nuevo, que lleva un tiempo absorber y comprender antes de que te resulte familiar. Eso produce cierta confusión, ya que visitaremos y volveremos a visitar temas para intentar que consigas ver el conjunto del cuadro mientras vamos definiendo los pequeños fragmentos que forman esa obra completa. A pesar de que el libro está escrito de forma lineal, y que si estás participando en un curso éste también avanzará de forma lineal, no dudes en ser no lineal en el modo en que abordes las materias. Avanza y retrocede, y lee a veces por encima. Al ojear material más avanzado sin comprender del todo los detalles tendrás una mejor comprensión del "¿por qué?" de la programación. Al revisar el material anterior e incluso al rehacer los ejercicios previos, te darás cuenta que ya has aprendido un montón de cosas, incluso si la materia que estás examinando en ese momento parece un poco impenetrable.

Normalmente, cuando uno aprende su primer lenguaje de programación, hay unos pocos momentos "¡A-já!" estupendos, en los cuales puedes levantar la vista de la roca que estás machacando con martillo y cincel, separarte unos pasos y comprobar que lo que estás intentando construir es una maravillosa escultura.

Si algo parece particularmente difícil, generalmente no vale la pena quedarse mirándolo toda la noche. Tómate un respiro, échate una siesta, come algo, explícale a alguien (quizás a tu perro) con qué estás teniendo problemas, y después vuelve a observarlo con nuevos ojos. Te aseguro que una vez que aprendas los conceptos de la programación en el libro, volverás atrás y verás que en realidad todo era fácil y elegante y que simplemente te ha llevado un poco de tiempo llegar a absorberlo.

1.12. Glosario

bug: Un error en un programa.

código fuente: Un programa en un lenguaje de alto nivel.

código máquina: El lenguaje de más bajo nivel para el software, ya que se trata del lenguaje que es directamente ejecutado por la unidad central de procesamiento (CPU).

compilar: Traducir un programa escrito en un lenguaje de alto nivel a otro lenguaje de bajo nivel de una vez, preparándolo para su posterior ejecución.

error semántico: Un error en un programa que provoca que haga algo distinto de lo que el programador pretendía.

interpretar: Ejecutar un programa en un lenguaje de alto nivel traduciendo sus líneas de una en una.

lenguaje de alto nivel: Un lenguaje de programación como Python, que está diseñado para ser sencillo de leer y escribir para los humanos.

lenguaje de bajo nivel: Un lenguaje de programación que ha sido diseñado para ser sencillo de ejecutar para una máquina; también se le llama "código máquina" o "lenguaje ensamblador".

memoria principal: Almacena programas y datos. La memoria principal pierde su información cuando se interrumpe la energía que la alimenta.

memoria secundaria: Almacena programas y datos y retiene su información incluso cuando la corriente se interrumpe. Generalmente es más lenta que la memoria principal. Ejemplos de memoria secundaria pueden ser unidades de disco y memorias flash en lápices USB.

modo interactivo: Un modo de uso de usar el intérprete de Python escribiendo comandos y expresiones en el prompt (indicador).

parsear: Examinar un programa y analizar su estructura sintáctica.

portabilidad: La propiedad de un programa que le permite funcionar en más de un tipo de equipo.

programa: Un conjunto de instrucciones que especifican una operación.

prompt: Cuando un programa muestra un mensaje y se detiene para que el usuario escriba alguna entrada para el programa.

resolución de problemas: El proceso de formular un problema, encontrar una solución y expresar esa solución.

semántica: El significado de un programa.

sentencia print: Una instrucción que provoca que el intérprete de Python muestre un valor en la pantalla.

unidad central de procesamiento: El corazón de cualquier PC. Es lo que ejecuta el software que escribimos; también se le suele llamar "CPU" o "el procesador".

1.13. Ejercicios

Ejercicio 1.1 ¿Cuál es la función de la memoria secundaria en un PC?

a) Ejecutar todos los cálculos y lógica del programa
b) Recuperar páginas web de Internet
c) Almacenar información durante mucho tiempo – incluso entre ciclos de apagado y encendido
d) Recoger la entrada del usuario

Ejercicio 1.2 ¿Qué es un programa?

Ejercicio 1.3 ¿Cuál es la diferencia entre un compilador y un intérprete?

Ejercicio 1.4 ¿Cuál de los siguientes contiene "código máquina"?

a) El intérprete de Python
b) El teclado
c) El código fuente de Python
d) Un documento de un procesador de texto

Ejercicio 1.5 ¿Qué está mal en el código siguiente?:

```
>>> primt '¡Hola, mundo!'
  File "<stdin>", line 1
    primt '¡Hola, mundo!'
                        ^
SyntaxError: invalid syntax
>>>
```

Ejercicio 1.6 ¿En qué parte del equipo queda almacenada una variable como "X" después de que se haya ejecutado la siguiente línea de Python?:

```
x = 123
```

a) Unidad Central de Procesamiento
b) Memoria Principal
c) Memoria Secundaria
d) Dispositivos de Entrada
e) Dispositivos de Salida

Ejercicio 1.7 ¿Qué imprimirá en pantalla el siguiente programa?:

```
x = 43
x = x + 1
print x
```

a) 43
b) 44
c) x + 1
d) Error, porque x = x + 1 no es posible matemáticamente

Ejercicio 1.8 Explica cada uno de los siguientes conceptos usando como ejemplo una capacidad humana: (1) Unidad Central de Procesamiento, (2) Memoria Principal, (3) Memoria Secundaria, (4) Dispositivo de Entrada, y (5) Dispositivo de Salida. Por ejemplo, "¿Cuál es el equivalente humano a la Unidad Central de Procesamiento"?

Ejercicio 1.9 ¿Cómo puedes corregir un "Error de sintaxis"?

Capítulo 2

Variables, expresiones y sentencias

2.1. Valores y tipos

Un **valor** es una de las cosas básicas que utiliza un programa, como una letra o un número. Los valores que hemos visto hasta ahora han sido 1, 2, y `'¡Hola, mundo!'`

Esos valores pertenecen a **tipos** diferentes: 2 es un entero (int), y `'¡Hola, mundo!'` es una **cadena** (string), que recibe ese nombre porque contiene una "cadena" de letras. Tú (y el intérprete) podéis identificar las cadenas porque van encerradas entre comillas.

La sentencia `print` también funciona con enteros. Vamos a usar el comando `python` para iniciar el intérprete.

```
python
>>> print 4
4
```

Si no estás seguro de qué tipo de valor estás manejando, el intérprete te lo puede decir.

```
>>> type('¡Hola, mundo!')
<type 'str'>
>>> type(17)
<type 'int'>
```

No resulta sorprendente que las cadenas pertenezca al tipo `str`, y los enteros pertenezcan al tipo `int`. Resulta, sin embargo, menos obvio que los números con un punto decimal pertenezcan a un tipo llamado `float` (flotante), debido a que esos números se representan en un formato conocido como **punto flotante**[1].

---

[1]En el mundo anglosajón (y también en Python) la parte decimal de un número se separa de la parte entera mediante un punto, y no mediante una coma (Nota del trad.)

```
>>> type(3.2)
<type 'float'>
```

¿Qué ocurre con valores como `'17'` y `'3.2'`? Parecen números, pero van entre comillas como las cadenas.

```
>>> type('17')
<type 'str'>
>>> type('3.2')
<type 'str'>
```

Son cadenas.

Cuando escribes un entero grande, puede que te sientas tentado a usar comas o puntos para separarlo en grupos de tres dígitos, como en $1,000,000$ [2]. Eso no es un entero válido en Python, pero en cambio sí que resulta válido algo como:

```
>>> print 1,000,000
1 0 0
```

Bien, ha funcionado. ¡Pero eso no era lo que esperábamos!. Python interpreta $1,000,000$ como una secuencia de enteros separados por comas, así que lo imprime con espacios en medio.

Éste es el primer ejemplo que hemos visto de un error semántico: el código funciona sin producir ningún mensaje de error, pero no hace su trabajo "correctamente".

2.2. Variables

Una de las características más potentes de un lenguaje de programación es la capacidad de manipular **variables**. Una variable es un nombre que se refiere a un valor.

Una **sentencia de asignación** crea variables nuevas y las da valores:

```
>>> mensaje = 'Y ahora algo completamente diferente'
>>> n = 17
>>> pi = 3.1415926535897931
```

Este ejemplo hace tres asignaciones. La primera asigna una cadena a una variable nueva llamada `mensaje`; la segunda asigna el entero 17 a `n`; la tercera asigna el valor (aproximado) de π a `pi`.

Para mostrar el valor de una variable, se puede usar la sentencia print:

```
>>> print n
17
>>> print pi
3.14159265359
```

---

[2]En el mundo anglosajón el "separador de millares" es la coma, y no el punto (Nota del trad.)

El tipo de una variable es el tipo del valor al que se refiere.

```
>>> type(mensaje)
<type 'str'>
>>> type(n)
<type 'int'>
>>> type(pi)
<type 'float'>
```

2.3. Nombres de variables y palabras claves

Los programadores generalmente eligen nombres para sus variables que tengan sentido y documenten para qué se usa esa variable.

Los nombres de las variables pueden ser arbitrariamente largos. Pueden contener tanto letras como números, pero no pueden comenzar con un número. Se pueden usar letras mayúsculas, pero es buena idea comenzar los nombres de las variables con una letras minúscula (veremos por qué más adelante).

El carácter guión-bajo (_) puede utilizarse en un nombre. A menudo se utiliza en nombres con múltiples palabras, como en `mi_nombre` o `velocidad_de_golondrina_sin_carga`. Los nombres de las variables pueden comenzar con un carácter guión-bajo, pero generalmente se evita usarlo así a menos que se esté escribiendo código para librerías que luego utilizarán otros.

Si se le da a una variable un nombre no permitido, se obtiene un error de sintaxis:

```
>>> 76trombones = 'gran desfile'
SyntaxError: invalid syntax
>>> more@ = 1000000
SyntaxError: invalid syntax
>>> class = 'Teorema avanzado de Zymurgy'
SyntaxError: invalid syntax
```

`76trombones` es incorrecto porque comienza por un número. `more@` es incorrecto porque contiene un carácter no premitido, `@`. Pero, ¿qué es lo que está mal en `class`?

Pues resulta que `class` es una de las **palabras clave** de Python. El intérprete usa palabras clave para reconocer la estructura del programa, y esas palabras no pueden ser utilizadas como nombres de variables.

Python reserva 31 palabras claves[3] para su propio uso:

and	del	from	not	while
as	elif	global	or	with
assert	else	if	pass	yield
break	except	import	print	
class	exec	in	raise	
continue	finally	is	return	
def	for	lambda	try	

---

[3]En Python 3.0, `exec` ya no es una palabra clave, pero `nonlocal` sí que lo es.

Puede que quieras tener esta lista a mano. Si el intérprete se queja por el nombre de una de tus variables y no sabes por qué, comprueba si ese nombre está en esta lista.

2.4. Sentencias

Una **sentencia** es una unidad de código que el intérprete de Python puede ejecutar. Hemos visto hasta ahora dos tipos de sentencia: print y las asignaciones.

Cuando escribes una sentencia en modo interactivo, el intérprete la ejecuta y muestra el resultado, si es que lo hay.

Un script normalmente contiene una secuencia de sentencias. Si hay más de una sentencia, los resultados aparecen de uno en uno según se van ejecutando las sentencias.

Por ejemplo, el script

```
print 1
x = 2
print x
```

produce la salida

```
1
2
```

La sentencia de asignación no produce ninguna salida.

2.5. Operadores y operandos

Los operadores son símbolos especiales que representan cálculos, como la suma o la multiplicación. Los valores a los cuales se aplican esos operadores reciben el nombre de **operandos**.

Los operadores +, -, *, /, y ** realizan sumas, restas, multiplicaciones, divisiones y exponenciación (elevar un número a una potencia), como se muestra en los ejemplos siguientes:

```
20+32   hora-1   hora*60+minuto   minuto/60   5**2   (5+9)*(15-7)
```

El operador de división puede que no haga exactamente lo que esperas:

```
>>> minuto = 59
>>> minuto/60
0
```

El valor de `minuto` es 59, y en la aritmética convencional 59 dividido por 60 es 0.98333, no 0. La razón de esta discrepancia es que Python está realizando **división entera**[4].

Cuando ambos operandos son enteros, el resultado es también un entero; la división entera descarta la parte decimal, así que en este ejemplo trunca la respuesta a cero.

Si cualquiera de los operandos es un número en punto flotante, Python realiza división en punto flotante, y el resultado es un `float`:

```
>>> minuto/60.0
0.98333333333333328
```

2.6. Expresiones

Una **expresión** es una combinación de valores, variables y operadores. Un valor por si mismo se considera una expresión, y también lo es una variable, así que las siguientes expresiones son todas válidas (asumiendo que la variable x tenga un valor asignado):

```
17
x
x + 17
```

Si escribes una expresión en modo interactivo, el intérprete la **evalúa** y muestra el resultado:

```
>>> 1 + 1
2
```

Sin embargo, en un script, ¡una expresión por si misma no hace nada! Esto a menudo puede producir confusión entre los principiantes.

Ejercicio 2.1 Escribe las siguientes sentencias en el intérprete de Python para comprobar qué hacen:

```
5
x = 5
x + 1
```

2.7. Orden de las operaciones

Cuando en una expresión aparece más de un operador, el orden de evaluación depende de las **reglas de precedencia**. Para los operadores matemáticos, Python sigue las convenciones matemáticas. El acrónimo **PEMDSR** resulta útil para recordar esas reglas:

---

[4]En Python 3.0, el resultado de esta división es un número `flotante`. En Python 3.0, el nuevo operador `//` es el que realiza la división entera.

- Los **P**aréntesis tienen el nivel superior de precedencia, y pueden usarse para forzar a que una expresión sea evaluada en el orden que se quiera. Dado que las expresiones entre paréntesis son evaluadas primero, 2 * (3-1) es 4, y (1+1)**(5-2) es 8. Se pueden usar también paréntesis para hacer una expresión más sencilla de leer, incluso si el resultado de la misma no varía por ello, como en (minuto * 100) / 60.

- La **E**xponenciación (elevar un número a una potencia) tiene el siguiente nivel más alto de precedencia, de modo que 2**1+1 es 3, no 4, y 3*1**3 es 3, no 27.

- La **M**ultiplicación y la **D**ivisión tienen la misma precedencia, que es superior a la de la **S**uma y la **R**esta, que también tienen entre si el mismo nivel de precedencia. Así que 2*3-1 es 5, no 4, y 6+4/2 es 8, no 5.

- Los operadores con igual precedencia son evaluados de izquierda a derecha. Así que la expresión 5-3-1 es 1 y no 3, ya que 5-3 se evalúa antes, y después se resta 1 de 2.

En caso de duda, añade siempre paréntesis a tus expresiones para asegurarte de que las operaciones se realizan en el orden que tú quieres.

2.8.   Operador módulo

El **operador módulo** trabaja con enteros y obtiene el resto de la operación consistente en dividir el primer operando por el segundo. En Python, el operador módulo es un signo de porcentaje (%). La sintaxis es la misma que se usa para los demás operadores:

```
>>> cociente = 7 / 3
>>> print cociente
2
>>> resto = 7 % 3
>>> print resto
1
```

Así que 7 dividido por 3 es 2 y nos sobra 1.

El operador módulo resulta ser sorprendentemente útil. Por ejemplo, puedes comprobar si un número es divisible por otro—si x % y es cero, entonces x es divisible por y.

También se puede extraer el dígito más a la derecha de los que componen un número. Por ejemplo, x % 10 obtiene el dígito que está más a la derecha de x (en base 10). De forma similar, x % 100 obtiene los dos últimos dígitos.

2.9.   Operaciones con cadenas

El operador + funciona con las cadenas, pero no realiza una suma en el sentido matemático. En vez de eso, realiza una **concatenación**, que quiere decir que une ambas cadenas, enlazando el final de la primera con el principio de la segunda. Por ejemplo:

```
>>> primero = 10
>>> segundo = 15
>>> print primero+segundo
25
>>> primero = '100'
>>> segundo = '150'
>>> print primero + segundo
100150
```

La salida de este programa es `100150`.

2.10.   Petición de información al usuario

A veces necesitaremos que sea el usuario quien nos proporcione el valor para una variable, a través del teclado. Python proporciona una función interna llamada `raw_input` que recibe la entrada desde el teclado[5]. Cuando se llama a esa función, el programa se detiene y espera a que el usuario escriba algo. Cuando el usuario pulsa Retorno o Intro, el programa continúa y `raw_input` devuelve como una cadena aquello que el usuario escribió.

```
>>> entrada = raw_input()
Cualquier cosa ridícula
>>> print entrada
Cualquier cosa ridícula
```

Antes de recibir cualquier dato desde el usuario, es buena idea escribir un mensaje explicándole qué debe introducir. Se puede pasar una cadena a `raw_input`, que será mostrada al usuario antes de que el programa se detenga para recibir su entrada:

```
>>> nombre = raw_input('¿Cómo te llamas?\n')
¿Cómo te llamas?
Chuck
>>> print nombre
Chuck
```

La secuencia \n al final del mensaje representa un **newline**, que es un carácter especial que provoca un salto de línea. Por eso la entrada del usuario aparece debajo de nuestro mensaje.

Si esperas que el usuario escriba un entero, puedes intentar convertir el valor de retorno a `int` usando la función `int()`:

---

[5]En Python 3.0, esta función ha sido llamada `input`.

```
>>> prompt = '¿Cual.... es la velocidad de vuelo de una golondrina sin carga?\n'
>>> velocidad = raw_input(prompt)
¿Cual.... es la velocidad de vuelo de una golondrina sin carga?
17
>>> int(velocidad)
17
>>> int(velocidad) + 5
22
```

Pero si el usuario escribe algo que no sea una cadena de dígitos, obtendrás un error:

```
>>> velocidad = raw_input(prompt)
¿Cual.... es la velocidad de vuelo de una golondrina sin carga?
¿Te refieres a una golondrina africana o a una europea?
>>> int(velocidad)
ValueError: invalid literal for int()
```

Veremos cómo controlar este tipo de errores más adelante.

2.11. Comentarios

A medida que los programas se van volviendo más grandes y complicados, se vuelven más difíciles de leer. Los lenguajes formales son densos, y a menudo es complicado mirar un trozo de código e imaginarse qué es lo que hace, o por qué.

Por eso es buena idea añadir notas a tus programas, para explicar en un lenguaje normal qué es lo que el programa está haciendo. Estas notas reciben el nombre de **comentarios**, y en Python comienzan con el símbolo #:

```
# calcula el porcentaje de hora transcurrido
porcentaje = (minuto * 100) / 60
```

En este caso, el comentario aparece como una línea completa. Pero también puedes poner comentarios al final de una línea

```
porcentaje = (minuto * 100) / 60     # porcentaje de una hora
```

Todo lo que va desde # hasta el final de la línea es ignorado—no afecta para nada al programa.

Las comentarios son más útiles cuando documentan características del código que no resultan obvias. Es razonable asumir que el lector puede descifrar *qué* es lo que el código hace; es mucho más útil explicarle *por qué*.

Este comentario es redundante con el código e inútil:

```
v = 5     # asigna 5 a v
```

Este comentario contiene información útil que no está en el código:

```
v = 5     # velocidad en metros/segundo.
```

Elegir nombres adecuados para las variables puede reducir la necesidad de comentarios, pero los nombres largos también pueden ocasionar que las expresiones complejas sean difíciles de leer, así que hay que conseguir una solución de compromiso.

2.12. Elección de nombres de variables mnemónicos

Mientras sigas las sencillas reglas de nombrado de variables y evites las palabras reservadas, dispondrás de una gran variedad de opciones para poner nombres a tus variables. Al principio, esa diversidad puede llegar a resultarte confusa, tanto al leer un programa como al escribir el tuyo propio. Por ejemplo, los tres programas siguientes son idénticos en cuanto a la función que realizan, pero muy diferentes cuando los lees e intentas entenderlos.

```
a = 35.0
b = 12.50
c = a * b
print c

horas = 35.0
tarifa = 12.50
salario = horas * tarifa
print salario

x1q3z9ahd = 35.0
x1q3z9afd = 12.50
x1q3p9afd = x1q3z9ahd * x1q3z9afd
print x1q3p9afd
```

El intérprete de Python ve los tres programas como *exactamente idénticos*, pero los humanos ven y asimilan estos programas de forma bastante diferente. Los humanos entenderán más rápidamente el **objetivo** del segundo programa, ya que el programador ha elegido nombres de variables que reflejan lo que pretendía de acuerdo al contenido que iba almacenar en cada variable.

Esa sabia elección de nombres de variables se denomina utilizar "nombres de variables mnemónicos". La palabra *mnemónico*[6] significa "que ayuda a memorizar". Elegimos nombres de variables mnemónicos para ayudarnos a recordar por qué creamos las variables al principio.

A pesar de que todo esto parezca estupendo, y de que sea una idea muy buena usar nombres de variables mnemónicos, ese tipo de nombres pueden interponerse en el camino de los programadores novatos a la hora de analizar y comprender el código. Esto se debe a que los programadores principiantes no han memorizado aún las palabras reservadas (sólo hay 31), y a veces variables con nombres que

---

[6]Consulta `https://es.wikipedia.org/wiki/Mnemonico` para obtener una descripción detallada de la palabra "mnemónico".

son demasiado descriptivos pueden llegar a parecerles parte del lenguaje y no simplemente nombres de variable bien elegidos[7].

Echa un vistazo rápido al siguiente código de ejemplo en Python, que se mueve en bucle a través de un conjunto de datos. Trataremos los bucles pronto, pero por ahora tan sólo trata de entender su significado:

```
for word in words:
    print word
```

¿Qué ocurre aquí? ¿Cuáles de las piezas (for, word, in, etc.) son palabras reservadas y cuáles son simplemente nombres de variables? ¿Acaso Python comprende de un modo básico la noción de palabras (words)? Los programadores novatos tienen problemas separando qué parte del código *debe* mantenerse tal como está en este ejemplo y qué partes son simplemente elección del programador.

El código siguiente es equivalente al de arriba:

```
for porcion in pizza:
    print porcion
```

Para los principiantes es más fácil estudiar este código y saber qué partes son palabras reservadas definidas por Python y qué partes son simplemente nombres de variables elegidas por el programador. Está bastante claro que Python no entiende nada de pizza ni de porciones, ni del hecho de que una pizza consiste en un conjunto de una o más porciones.

Pero si nuestro programa lo que realmente va a hacer es leer datos y buscar palabras en ellos, pizza y porción son nombres muy poco mnemónicos. Elegirlos como nombres de variables distrae del propósito real del programa.

Dentro de muy poco tiempo, conocerás las palabras reservadas más comunes, y empezarás a ver cómo esas palabras reservadas resaltan sobre las demás:

```
for word in words:
    print word
```

Las partes del código que están definidas por Python (for, in, print, y :) están en negrita, mientras que las variables elegidas por el programador (word y words) no lo están. Muchos editores de texto son conscientes de la sintaxis de Python y colorearán las palabras reservadas de forma diferente para darte pistas que te permitan mantener tus variables y las palabras reservadas separados. Dentro de poco empezarás a leer Python y podrás determinar rápidamente qué es una variable y qué es una palabra reservada.

---

[7]El párrafo anterior se refiere más bien a quienes eligen nombres de variables en inglés, ya que todas las palabras reservadas de Python coinciden con palabras propias de ese idioma (Nota del trad.)

2.13.   Depuración

En este punto, el error de sintaxis que es más probable que cometas será intentar utilizar nombres de variables no válidos, como `class` y `yield`, que son palabras clave, o odd~job y US$, que contienen caracteres no válidos.

Si pones un espacio en un nombre de variable, Python cree que se trata de dos operandos sin ningún operador:

```
>>> nombre incorrecto = 5
SyntaxError: invalid syntax
```

Para la mayoría de errores de sintaxis, los mensajes de error no ayudan mucho. Los mensajes más comunes son `SyntaxError: invalid syntax` y `SyntaxError: invalid token`, ninguno de los cuales resulta muy informativo.

El runtime error (error en tiempo de ejecución) que es más probable que obtengas es un "use before def" (uso antes de definir); que significa que estás intentando usar una variable antes de que le hayas asignado un valor. Eso puede ocurrir si escribes mal el nombre de la variable:

```
>>> capital = 327.68
>>> interes = capitla * tipo
NameError: name 'capitla' is not defined
```

Los nombres de las variables son sensibles a mayúsculas, así que `LaTeX` no es lo mismo que `latex`.

En este punto, la causa más probable de un error semántico es el orden de las operaciones. Por ejemplo, para evaluar $\frac{1}{2\pi}$, puedes sentirte tentado a escribir

```
>>> 1.0 / 2.0 * pi
```

Pero la división se evalúa antes, ¡así que obtendrás $\pi/2$, que no es lo mismo! No hay forma de que Python sepa qué es lo que querías escribir exactamente, así que en este caso no obtienes un mensaje de error; simplemente obtienes una respuesta incorrecta.

2.14.   Glosario

asignación: Una sentencia que asigna un valor a una variable.

cadena: Un tipo que representa secuencias de caracteres.

concatenar: Unir dos operandos, uno a continuación del otro.

comentario: Información en un programa que se pone para otros programadores (o para cualquiera que lea el código fuente), y no tiene efecto alguno en la ejecución del programa.

división entera: La operación que divide dos números y trunca la parte fraccionaria.

entero: Un tipo que representa números enteros.

evaluar: Simplificar una expresión realizando las operaciones en orden para obtener un único valor.

expresión: Una combinación de variables, operadores y valores que representan un único valor resultante.

mnemónico: Una ayuda para memorizar. A menudo damos nombres mnemónicos a las variables para ayudarnos a recordar qué está almacenado en ellas.

palabra clave: Una palabra reservada que es usada por el compilador para analizar un programa; no se pueden usar palabres clave como `if`, `def`, y `while` como nombres de variables.

punto flotante: Un tipo que representa números con parte decimal.

operador: Un símbolo especial que representa un cálculo simple, como suma, multiplicación o concatenación de cadenas.

operador módulo: Un operador, representado por un signo de porcentaje (`%`), que funciona con enteros y obtiene el resto cuando un número es dividido por otro.

operando: Uno de los valores con los cuales un operador opera.

reglas de precedencia: El conjunto de reglas que gobierna el orden en el cual son evaluadas las expresiones que involucran a múltiples operadores.

sentencia: Una sección del código que representa un comando o acción. Hasta ahora, las únicas sentencias que hemos visto son asignaciones y sentencias print.

tipo: Una categoría de valores. Los tipos que hemos visto hasta ahora son enteros (tipo `int`), números en punto flotante (tipo `float`), y cadenas (tipo `str`).

valor: Una de las unidades básicas de datos, como un número o una cadena, que un programa manipula.

variable: Un nombre que hace referencia a un valor.

2.15. Ejercicios

Ejercicio 2.2 Escribe un programa que use `raw_input` para pedirle al usuario su nombre y luego darle la bienvenida.

```
Introduzca tu nombre: Chuck
Hola, Chuck
```

Ejercicio 2.3 Escribe un programa para pedirle al usuario el número de horas y la tarifa por hora para calcular el salario bruto.

```
Introduzca Horas: 35
Introduzca Tarifa: 2.75
Salario: 96.25
```

Por ahora no es necesario preocuparse de que nuestro salario tenga exactamente dos dígitos después del punto decimal. Si quieres, puedes probar la función interna de Python round para redondear de forma adecuada el salario resultante a dos dígitos decimales.

Ejercicio 2.4 Asume que ejecutamos las siguientes sentencias de asignación:

```
ancho = 17
alto = 12.0
```

Para cada una de las expresiones siguientes, escribe el valor de la expresión y el tipo (del valor de la expresión).

1. ancho/2

2. ancho/2.0

3. alto/3

4. 1 + 2 * 5

Usa el intérprete de Python para comprobar tus respuestas.

Ejercicio 2.5 Escribe un programa que le pida al usuario una temperatura en grados Celsius, la convierta a grados Fahrenheit e imprima por pantalla la temperatura convertida.

Capítulo 3

Ejecución condicional

3.1. Expresiones booleanas

Una **expresión booleana** es aquella que puede ser verdadera (True) o falsa (False). Los ejemplos siguientes usan el operador ==, que compara dos operandos y devuelve True si son iguales y False en caso contrario:

```
>>> 5 == 5
True
>>> 5 == 6
False
```

True y False son valores especiales que pertenecen al tipo bool (booleano); no son cadenas:

```
>>> type(True)
<type 'bool'>
>>> type(False)
<type 'bool'>
```

El operador == es uno de los **operadores de comparación**; los demás son:

```
x != y          # x es distinto de y
x > y           # x es mayor que y
x < y           # x es menor que y
x >= y          # x es mayor o igual que y
x <= y          # x es menor o igual que y
x is y          # x es lo mismo que y
x is not y      # x no es lo mismo que y
```

A pesar de que estas operaciones probablemente te resulten familiares, los símbolos en Python son diferentes de los símbolos matemáticos que se usan para realizar las mismas operaciones. Un error muy común es usar sólo un símbolo igual (=) en vez del símbolo de doble igualdad (==). Recuerda que = es un operador de asignación, y == es un operador de comparación. No existe algo como =< o =>.

3.2.   Operadores lógicos

Existen tres **operadores lógicos**: and (y), or (o), y not (no). El significado semántico de estas operaciones es similar a su significado en inglés. Por ejemplo,

```
x >0 and x <10
```

es verdadero sólo cuando x es mayor que 0 y menor que 10.

n%2 == 0 or n%3 == 0 es verdadero si *cualquiera* de las condiciones es verdadera, es decir, si el número es divisible por 2 *o* por 3.

Finalmente, el operador not niega una expresión booleana, de modo que not (x >y) es verdadero si x >y es falso; es decir, si x es menor o igual que y.

Estrictamente hablando, los operandos de los operadores lógicos deberían ser expresiones booleanas, pero Python no es muy estricto. Cualquier número distinto de cero se interpreta como "verdadero."

```
>>> 17 and True
True
```

Esta flexibilidad puede ser útil, pero existen ciertas sutilezas en ese tipo de uso que pueden resultar confusas. Es posible que prefieras evitar usarlo de este modo hasta que estés bien seguro de lo que estás haciendo.

3.3.   Ejecución condicional

Para poder escribir programas útiles, casi siempre vamos a necesitar la capacidad de comprobar condiciones y cambiar el comportamiento del programa de acuerdo a ellas. Las sentencias condicionales nos proporciona esa capacidad. La forma más sencilla es la sentencia if:

```
if x > 0 :
    print 'x es positivo'
```

La expresión booleana después de la sentencia if recibe el nombre de **condición**. La sentencia if se finaliza con un carácter de dos-puntos (:) y la(s) línea(s) que van detrás de la sentencia if van indentadas[1] (es decir, llevan una tabulación o varios espacios en blanco al principio).

---

[1]el término correcto en español sería "sangradas", pero en el mundillo de la programación se suele decir que las líneas van "indentadas" (Nota del trad.)

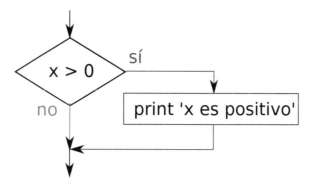

Si la condición lógica es verdadera, la sentencia indentada será ejecutada. Si la condición es falsa, la sentencia indentada será omitida.

La sentencia if tiene la misma estructura que la definición de funciones o los bucles for[2]. La sentencia consiste en una línea de encabezado que termina con el carácter dos-puntos (:) seguido por un bloque indentado. Las sentencias de este tipo reciben el nombre de **sentencias compuestas**, porque se extienden a lo largo de varias líneas.

No hay límite en el número de sentencias que pueden aparecer en el cuerpo, pero debe haber al menos una. Ocasionalmente, puede resultar útil tener un cuerpo sin sentencias (normalmente como emplazamiento reservado para código que no se ha escrito aún). En ese caso, se puede usar la sentencia pass, que no hace nada.

```
if x < 0 :
    pass            # ¡necesito gestionar los valores negativos!
```

Si introduces una sentencia if en el intérprete de Python, el prompt cambiará su aspecto habitual por puntos suspensivos, para indicar que estás en medio de un bloque de sentencias, como se muestra a continuación:

```
>>> x = 3
>>> if x < 10:
...    print 'Pequeño'
...
Pequeño
>>>
```

3.4. Ejecución alternativa

La segunda forma de la sentencia if es la **ejecución alternativa**, en la cual existen dos posibilidades y la condición determina cual de ellas será ejecutada. La sintaxis es similar a ésta:

```
if x%2 == 0 :
    print 'x es par'
else :
    print 'x es impar'
```

---

[2]Estudiaremos las funciones en el capítulo 4 y los bucles en el capítulo 5.

Si al dividir x por 2 obtenemos como resto 0, entonces sabemos que x es par, y el programa muestra un mensaje a tal efecto. Si esa condición es falsa, se ejecuta el segundo conjunto de sentencias.

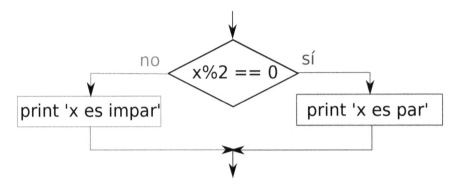

Dado que la condición debe ser obligatoriamente verdadera o falsa, solamente una de las alternativas será ejecutada. Las alternativas reciben el nombre de **ramas**, dado que se trata de ramificaciones en el flujo de la ejecución.

3.5. Condicionales encadenados

Algunas veces hay más de dos posibilidades, de modo que necesitamos más de dos ramas. Una forma de expresar una operación como ésa es usar un **condicional encadenado**:

```
if x < y:
    print 'x es menor que y'
elif x > y:
    print 'x es mayor que y'
else:
    print 'x e y son iguales'
```

elif es una abreviatura para "else if". En este caso también será ejecutada únicamente una de las ramas.

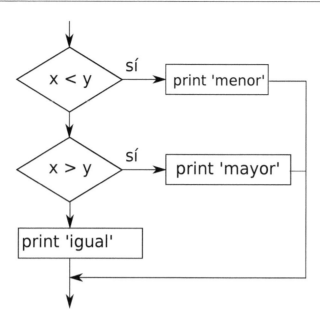

No hay un límite para el número de sentencias `elif`. Si hay una clausula `else`, debe ir al final, pero tampoco es obligatorio que ésta exista.

```
if choice == 'a':
    print 'Respuesta incorrecta'
elif choice == 'b':
    print 'Respuesta correcta'
elif choice == 'c':
    print 'Casi, pero no es correcto'
```

Cada condición es comprobada en orden. Si la primera es falsa, se comprueba la siguiente y así con las demás. Si una de ellas es verdadera, se ejecuta la rama correspondiente, y la sentencia termina. Incluso si hay más de una condición que sea verdadera, sólo se ejecuta la primera que se encuentra.

3.6. Condicionales anidados

Un condicional puede también estar anidado dentro de otro. Podríamos haber escrito el ejemplo anterior de las tres ramas de este modo:

```
if x == y:
    print 'x e y son iguales'
else:
    if x < y:
        print 'x es menor que y'
    else:
        print 'x es mayor que y'
```

El condicional exterior contiene dos ramas. La primera rama ejecuta una sentencia simple. La segunda contiene otra sentencia `if`, que tiene a su vez sus propias dos ramas. Esas dos ramas son ambas sentencias simples, pero podrían haber sido sentencias condicionales también.

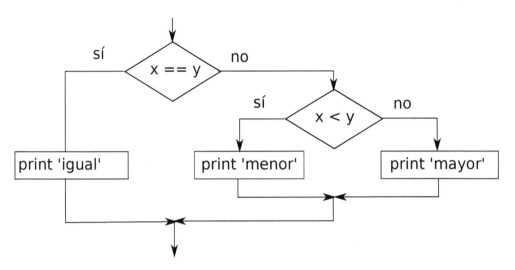

A pesar de que el indentado de las sentencias hace que la estructura esté clara, los **condicionales anidados** pueden volverse difíciles de leer rápidamente. En general, es buena idea evitarlos si se puede.

Los operadores lógicos a menudo proporcionan un modo de simplificar las sentencias condicionales anidadas. Por ejemplo, el código siguiente puede ser reescrito usando un único condicional:

```
if 0 < x:
    if x < 10:
        print 'x es un número positivo con un sólo dígito.'
```

La sentencia `print` se ejecuta solamente si se cumplen las dos condiciones anteriores, así que en realidad podemos conseguir el mismo efecto con el operador `and`:

```
if 0 < x and x < 10:
    print 'x es un número positivo con un sólo dígito.'
```

3.7.   Captura de excepciones usando try y except

Anteriormente vimos un fragmento de código donde usábamos las funciones `raw_input` e `int` para leer y analizar un número entero introducido por el usuario. También vimos lo poco seguro que podía llegar a resultar hacer algo así:

```
>>> velocidad = raw_input(prompt)
¿Cual.... es la velocidad de vuelo de una golondrina sin carga?
¿Te refieres a una golondrina africana o a una europea?
>>> int(velocidad)
ValueError: invalid literal for int()
>>>
```

Cuando estamos trabajando con el intérprete de Python, tras el error simplemente nos aparece de nuevo el prompt, así que pensamos "¡epa, me he equivocado!", y continuamos con la siguiente sentencia.

Sin embargo, si se escribe ese código en un script de Python y se produce el error, el script se detendrá inmediatamente, y mostrará un "traceback". No ejecutará la siguiente sentencia.

He aquí un programa de ejemplo para convertir una temperatura desde grados Fahrenheit a grados Celsius:

```
ent = raw_input('Introduzca la Temperatura Fahrenheit:')
fahr = float(ent)
cel = (fahr - 32.0) * 5.0 / 9.0
print cel
```

Si ejecutamos este código y le damos una entrada no válida, simplemente fallará con un mensaje de error bastante antipático:

```
python fahren.py
Introduzca la Temperatura Fahrenheit:72
22.2222222222

python fahren.py
Introduzca la Temperatura Fahrenheit:fred
Traceback (most recent call last):
  File "fahren.py", line 2, in <module>
    fahr = float(ent)
ValueError: invalid literal for float(): fred
```

Existen estructuras de ejecución condicional dentro de Python para manejar este tipo de errores esperados e inesperados, llamadas "try / except". La idea de try y except es que si se sabe que cierta secuencia de instrucciones puede generar un problema, sea posible añadir ciertas sentencias para que sean ejecutadas en caso de error. Estas sentencias extras (el bloque except) serán ignoradas si no se produce ningún error.

Puedes pensar en la característica try y except de Python como una "póliza de seguros" en una secuencia de sentencias.

Se puede reescribir nuestro conversor de temperaturas de esta forma:

```
ent = raw_input('Introduzca la Temperatura Fahrenheit:')
try:
    fahr = float(ent)
    cel = (fahr - 32.0) * 5.0 / 9.0
    print cel
except:
    print 'Por favor, introduzca un número'
```

Python comienza ejecutando la secuencia de sentencias del bloque try. Si todo va bien, se saltará todo el bloque except y terminará. Si ocurre una excepción dentro del bloque try, Python saltará fuera de ese bloque y ejecutará la secuencia de sentencias del bloque except.

```
python fahren2.py
Introduzca la Temperatura Fahrenheit:72
```

```
22.2222222222

python fahren2.py
Introduzca la Temperatura Fahrenheit:fred
Por favor, introduzca un número
```

Gestionar una excepción con una sentencia `try` recibe el nombre de **capturar** una excepción. En este ejemplo, la clausula `except` muestra un mensaje de error. En general, capturar una excepción te da la oportunidad de corregir el problema, volverlo a intentar o, al menos, terminar el programa con elegancia.

3.8.   Evaluación en cortocircuito de expresiones lógicas

Cuando Python está procesando una expresión lógica, como `x >= 2 and (x/y)` `>2`, evalúa la expresión de izquierda a derecha. Debido a la definición de `and`, si `x` es menor de 2, la expresión `x >= 2` resulta ser `falsa`, de modo que la expresión completa ya va a resultar `falsa`, independientemente de si `(x/y) >2` se evalúa como `verdadera` o `falsa`.

Cuando Python detecta que no se gana nada evaluando el resto de una expresión lógica, detiene su evaluación y no realiza el cálculo del resto de la expresión. Cuando la evaluación de una expresión lógica se detiene debido a que ya se conoce el valor final, eso es conocido como **cortocircuitar** la evaluación.

A pesar de que esto pueda parecer hilar demasiado fino, el funcionamiento en cortocircuito nos descubre una ingeniosa técnica conocida como **patrón guardián**. Examina la siguiente secuencia de código en el intérprete de Python:

```
>>> x = 6
>>> y = 2
>>> x >= 2 and (x/y) > 2
True
>>> x = 1
>>> y = 0
>>> x >= 2 and (x/y) > 2
False
>>> x = 6
>>> y = 0
>>> x >= 2 and (x/y) > 2
Traceback (most recent call last):
  File "<stdin>", line 1, in <module>
ZeroDivisionError: integer division or modulo by zero
>>>
```

La tercera operación ha fallado porque Python intentó evaluar `(x/y)` e y era cero, lo cual provoca un runtime error (error en tiempo de ejecución). Pero el segundo ejemplo *no* falló, porque la primera parte de la expresión `x >= 2` fue evaluada como `falsa`, así que `(x/y)` no llegó a ejecutarse debido a la regla del **cortocircuito**, y no se produjo ningún error.

Es posible construir las expresiones lógicas colocando estratégicamente una evaluación como **guardián** justo antes de la evaluación que podría causar un error, como se muestra a continuación:

```
>>> x = 1
>>> y = 0
>>> x >= 2 and y != 0 and (x/y) > 2
False
>>> x = 6
>>> y = 0
>>> x >= 2 and y != 0 and (x/y) > 2
False
>>> x >= 2 and (x/y) > 2 and y != 0
Traceback (most recent call last):
  File "<stdin>", line 1, in <module>
ZeroDivisionError: integer division or modulo by zero
>>>
```

En la primera expresión lógica, x >= 2 es falsa, así que la evaluación se detiene en el and. En la segunda expresión lógica, x >= 2 es verdadera, pero y != 0 es falsa, de modo que nunca se alcanza (x/y).

En la tercera expresión lógica, el y != 0 va *después* del cálculo de (x/y) , de modo que la expresión falla con un error.

En la segunda expresión, se dice que y != 0 actúa como **guardián** para garantizar que sólo se ejecute (x/y) en el caso de que y no sea cero.

3.9. Depuración

Los "traceback" que Python muestra cuando se produce un error contienen un montón de información, pero pueden resultar abrumadores. Las partes más útiles normalmente son:

- Qué tipo de error se ha producido, y

- Dónde ha ocurrido.

Los errores de sintaxis (syntax errors), normalmente son fáciles de localizar, pero a veces tienen trampa. Los errores debido a espacios en blanco pueden ser complicados, ya que los espacios y las tabulaciones son invisibles, y solemos ignorarlos.

```
>>> x = 5
>>>  y = 6
  File "<stdin>", line 1
    y = 6
    ^
SyntaxError: invalid syntax
```

En este ejemplo, el problema es que la segunda línea está indentada por un espacio. Pero el mensaje de error apunta a y, lo cual resulta engañoso. En general, los mensajes de error indican dónde se ha descubierto el problema, pero el error real podría estar en el código previo, a veces en alguna línea anterior.

Ocurre lo mismo con los errores en tiempo de ejecución (runtime errors). Supón que estás tratando de calcular una relación señal-ruido en decibelios. La fórmula es $SNR_{db} = 10 \log_{10}(P_{senal}/P_{ruido})$. En Python, podrías escribir algo como esto:

```
import math
int_senal = 9
int_ruido = 10
relacion = int_senal / int_ruido
decibelios = 10 * math.log10(relacion)
print decibelios
```

Pero cuando lo haces funcionar, obtienes un mensaje de error[3]:

```
Traceback (most recent call last):
  File "snr.py", line 5, in ?
    decibelios = 10 * math.log10(relacion)
OverflowError: math range error
```

El mensaje de error apunta a la línea 5, pero no hay nada incorrecto en ese línea. Para encontrar el error real, puede resultar útil mostrar en pantalla el valor de relacion, que resulta ser 0. El problema está en la línea 4, ya que al dividir dos enteros se realiza una división entera. La solución es representar la intensidad de la señal y la intensidad del ruido con valores en punto flotante.

En general, los mensajes de error te dicen dónde se ha descubierto el problema, pero a menudo no es ahí exactamente donde se ha producido.

3.10. Glosario

condición: La expresión booleana en una sentencia condicional que determina qué rama será ejecutada.

condicional anidado: Una sentencia condicional que aparece en una de las ramas de otra sentencia condicional.

condicional encadenado: Una sentencia condicional con una serie de ramas alternativas.

cortocircuito: Cuando Python va evaluando una expresión lógica por tramos y detiene el proceso de evaluación debido a que ya conoce el valor final que va a tener el resultado sin necesidad de evaluar el resto de la expresión.

cuerpo: La secuencia de sentencias en el interior de una sentencia compuesta.

---

[3]En Python 3.0, ya no se produce el mensaje de error; el operador de división realiza división en punto flotante incluso con operandos enteros.

expresión booleana: Un expresión cuyo valor puede ser o bien `Verdadero` o bien `Falso`.

operadores de comparación: Uno de los operadores que se utiliza para comparar dos operandos: `==`, `!=`, `>`, `<`, `>=`, y `<=`.

operador lógico: Uno de los operadores que se combinan en las expresiones booleanas: `and`, `or`, y `not`.

patrón guardián: Cuando construimos una expresión lógica con comparaciones adicionales para aprovecharnos del funcionamiento en cortocircuito.

rama: Una de las secuencias alternativas de sentencias en una sentencia condicional.

sentencia compuesta: Una sentencia que consiste en un encabezado y un cuerpo. El encabezado termina con dos-puntos (:). El cuerpo está indentado con relación al encabezado.

sentencia condicional: Una sentencia que controla el flujo de ejecución, dependiendo de cierta condición.

traceback: Una lista de las funciones que se están ejecutando, que se muestra en pantalla cuando se produce una excepción.

3.11. Ejercicios

Ejercicio 3.1 Reescribe el programa del cálculo del salario para darle al empleado 1.5 veces la tarifa horaria para todas las horas trabajadas que excedan de 40.

```
Introduzca las Horas: 45
Introduzca la Tarifa por hora: 10
Salario: 475.0
```

Ejercicio 3.2 Reescribe el programa del salario usando `try` y `except`, de modo que el programa sea capaz de gestionar entradas no numéricas con elegancia, mostrando un mensaje y saliendo del programa. A continuación se muestran dos ejecuciones del programa:

```
Introduzca las Horas: 20
Introduzca la Tarifa por hora: nueve
Error, por favor introduzca un número

Introduzca las Horas: cuarenta
Error, por favor introduzca un número
```

Ejercicio 3.3 Escribe un programa que solicite una puntuación entre 0.0 y 1.0. Si la puntuación está fuera de ese rango, muestra un mensaje de error. Si la puntuación está entre 0.0 y 1.0, muestra la calificación usando la tabla siguiente:

```
Puntuación Calificación
>= 0.9      Sobresaliente
>= 0.8      Notable
>= 0.7      Bien
>= 0.6      Suficiente
< 0.6       Insuficiente

Introduzca puntuación: 0.95
Sobresaliente

Introduzca puntuación: perfecto
Puntuación incorrecta

Introduzca puntuación: 10.0
Puntuación incorrecta

Introduzca puntuación: 0.75
Bien

Introduzca puntuación: 0.5
Insuficiente
```

Ejecuta el programa repetidamente, como se muestra arriba, para probar con varios valores de entrada diferentes.

Capítulo 4

Funciones

4.1. Llamadas a funciones

En el contexto de la programación, una **función** es una secuencia de sentencias que realizan una operación y que reciben un nombre. Cuando se define una función, se especifica el nombre y la secuencia de sentencias. Más adelante, se puede "llamar" a la función por ese nombre. Ya hemos visto un ejemplo de una **llamada a una función**:

```
>>> type(32)
<type 'int'>
```

El nombre de la función es `type`. La expresión entre paréntesis recibe el nombre de **argumento** de la función. El argumento es un valor o variable que se pasa a la función como parámetro de entrada. El resultado de la función `type` es el tipo del argumento.

Es habitual decir que una función "toma" (o recibe) un argumento y "retorna" (o devuelve) un resultado. El resultado se llama **valor de retorno**.

4.2. Funciones internas

Python proporciona un número importante de funciones internas, que pueden ser usadas sin necesidad de tener que definirlas previamente. Los creadores de Python han escrito un conjunto de funciones para resolver problemas comunes y las han incluido en Python para que las podamos utilizar.

Las funciones `max` y `min` nos darán respectivamente el valor mayor y menor de una lista:

```
>>> max('¡Hola, mundo!')
'u'
>>> min('¡Hola, mundo!')
```

```
' '
>>>
```

La función max nos dice cuál es el "carácter más grande" de la cadena (que resulta ser la letra "u"), mientras que la función min nos muestra el carácter más pequeño (que en ese caso es un espacio).

Otra función interna muy común es len, que nos dice cuántos elementos hay en su argumento. Si el argumento de len es una cadena, nos devuelve el número de caracteres que hay en la cadena.

```
>>> len('Hola, mundo')
11
>>>
```

Estas funciones no se limitan a buscar en cadenas. Pueden operar con cualquier conjunto de valores, como veremos en los siguientes capítulos.

Se deben tratar los nombres de las funciones internas como si fueran palabras reservadas (es decir, evita usar "max" como nombre para una variable).

4.3. Funciones de conversión de tipos

Python también proporciona funciones internas que convierten valores de un tipo a otro. La función int toma cualquier valor y lo convierte en un entero, si puede, o se queja si no puede:

```
>>> int('32')
32
>>> int('Hola')
ValueError: invalid literal for int(): Hola
```

int puede convertir valores en punto flotante a enteros, pero no los redondea; simplemente corta y descarta la parte decimal:

```
>>> int(3.99999)
3
>>> int(-2.3)
-2
```

float convierte enteros y cadenas en números de punto flotante:

```
>>> float(32)
32.0
>>> float('3.14159')
3.14159
```

Finalmente, str convierte su argumento en una cadena:

```
>>> str(32)
'32'
>>> str(3.14159)
'3.14159'
```

4.4. Números aleatorios

A partir de las mismas entradas, la mayoría de los programas generarán las mismas salidas cada vez, que es lo que llamamos comportamiento **determinista**. El determinismo normalmente es algo bueno, ya que esperamos que la misma operación nos proporcione siempre el mismo resultado. Para ciertas aplicaciones, sin embargo, querremos que el equipo sea impredecible. Los juegos son el ejemplo obvio, pero hay más.

Conseguir que un programa sea realmente no-determinista no resulta tan fácil, pero hay modos de hacer que al menos lo parezca. Una de ellos es usar **algoritmos** que generen números **pseudoaleatorios**. Los números pseudoaleatorios no son verdaderamente aleatorios, ya que son generados por una operación determinista, pero si sólo nos fijamos en los números resulta casi imposible distinguirlos de los aleatorios de verdad.

El módulo `random` proporciona funciones que generan números pseudoaleatorios (a los que simplemente llamaremos "aleatorios" de ahora en adelante).

La función `random` devuelve un número flotante aleatorio entre 0.0 y 1.0 (incluyendo 0.0, pero no 1.0). Cada vez que se llama a `random`, se obtiene el número siguiente de una larga serie. Para ver un ejemplo, ejecuta este bucle:

```
import random

for i in range(10):
    x = random.random()
    print x
```

Este programa produce la siguiente lista de 10 números aleatorios entre 0.0 y hasta (pero no incluyendo) 1.0.

```
0.301927091705
0.513787075867
0.319470430881
0.285145917252
0.839069045123
0.322027080731
0.550722110248
0.366591677812
0.396981483964
0.838116437404
```

Ejercicio 4.1 Ejecuta el programa en tu sistema y observa qué números obtienes.

La función `random` es solamente una de las muchas que trabajan con números aleatorios. La función `randint` toma los parámetros `inferior` y `superior`, y devuelve un entero entre `inferior` y `superior` (incluyendo ambos extremos).

```
>>> random.randint(5, 10)
5
```

```
>>> random.randint(5, 10)
9
```

Para elegir un elemento de una secuencia aleatoriamente, se puede usar `choice`:

```
>>> t = [1, 2, 3]
>>> random.choice(t)
2
>>> random.choice(t)
3
```

El módulo `random` también proporciona funciones para generar valores aleatorios de distribuciones continuas, incluyendo Gausiana, exponencial, gamma, y unas cuantas más.

4.5.   Funciones matemáticas

Python tiene un módulo matemático (`math`), que proporciona la mayoría de las funciones matemáticas habituales. Antes de que podamos utilizar el módulo, deberemos importarlo:

```
>>> import math
```

Esta sentencia crea un **objeto módulo** llamado math. Si se imprime el objeto módulo, se obtiene cierta información sobre él:

```
>>> print math
<module 'math' from '/usr/lib/python2.5/lib-dynload/math.so'>
```

El objeto módulo contiene la función y variables definidas en el módulo. Para acceder a una de esas funciones, es necesario especificar el nombre del módulo y el nombre de la función, separados por un punto (también conocido como período). Este formato recibe el nombre de **notación punto**.

```
>>> relacion = int_senal / int_ruido
>>> decibelios = 10 * math.log10(relacion)

>>> radianes = 0.7
>>> altura = math.sin(radianes)
```

El primer ejemplo calcula el logaritmo base 10 de la relación señal-ruido. El módulo math también proporciona una función llamada `log` que calcula logaritmos en base e.

El segundo ejemplo calcula el seno de la variable `radianes`. El nombre de la variable es una pista de que `sin` y las otras funciones trigonométricas (`cos`, `tan`, etc.) toman argumentos en radianes. Para convertir de grados a radianes, hay que dividir por 360 y multiplicar por 2π:

```
>>> grados = 45
>>> radianes = grados / 360.0 * 2 * math.pi
>>> math.sin(radianes)
0.707106781187
```

La expresión `math.pi` toma la variable `pi` del módulo math. El valor de esa variable es una aproximación de π, con una precisión de unos 15 dígitos.

Si sabes de trigonometría, puedes comprobar el resultado anterior, comparándolo con la raíz cuadrada de dos dividida por dos:

```
>>> math.sqrt(2) / 2.0
0.707106781187
```

4.6.   Añadiendo funciones nuevas

Hasta ahora, sólo hemos estado usando las funciones que vienen incorporadas en Python, pero es posible añadir también funciones nuevas. Una **definición de función** especifica el nombre de una función nueva y la secuencia de sentencias que se ejecutan cuando esa función es llamada. Una vez definida una función, se puede reutilizar una y otra vez a lo largo de todo el programa.

He aquí un ejemplo:

```
def muestra_estribillo():
    print 'Soy un leñador, qué alegría.'
    print 'Duermo toda la noche y trabajo todo el día.'
```

`def` es una palabra clave que indica que se trata de una definición de función. El nombre de la función es `muestra_estribillo`. Las reglas para los nombres de las funciones son los mismos que para las variables: se pueden usar letras, números y algunos signos de puntuación, pero el primer carácter no puede ser un número. No se puede usar una palabra clave como nombre de una función, y se debería evitar también tener una variable y una función con el mismo nombre.

Los paréntesis vacíos después del nombre indican que esta función no toma ningún argumento. Más tarde construiremos funciones que reciban argumentos de entrada.

La primera línea de la definición de la función es llamada la **cabecera**; el resto se llama el **cuerpo**. La cabecera debe terminar con dos-puntos (:), y el cuerpo debe ir indentado. Por convención, el indentado es siempre de cuatro espacios. El cuerpo puede contener cualquier número de sentencias.

Las cadenas en la sentencia print están encerradas entre comillas. Da igual utilizar comillas simples que dobles; la mayoría de la gente prefiere comillas simples, excepto en aquellos casos en los que una comilla simple (que también se usa como apostrofe) aparece en medio de la cadena.

Si escribes una definición de función en modo interactivo, el intérprete mostrará puntos suspensivos (...) para informarte de que la definición no está completa:

```
>>> def muestra_estribillo():
...     print 'Soy un leñador, qué alegría.'
...     print 'Duermo toda la noche y trabajo todo el día.'
...
```

Para finalizar la función, debes introducir una línea vacía (esto no es necesario en un script).

Al definir una función se crea una variable con el mismo nombre.

```
>>> print muestra_estribillo
<function muestra_estribillo at 0xb7e99e9c>
>>> print type(muestra_estribillo)
<type 'function'>
```

El valor de `muestra_estribillo` es **function object** (objeto función), que tiene como tipo `'function'`.

La sintaxis para llamar a nuestra nueva función es la misma que usamos para las funciones internas:

```
>>> muestra_estribillo()
Soy un leñador, qué alegría.
Duermo toda la noche y trabajo todo el día.
```

Una vez que se ha definido una función, puede usarse dentro de otra. Por ejemplo, para repetir el estribillo anterior, podríamos escribir una función llamada `repite_estribillo`:

```
def repite_estribillo():
    muestra_estribillo()
    muestra_estribillo()
```

Y después llamar a `repite_estribillo`:

```
>>> repite_estribillo()
Soy un leñador, qué alegría.
Duermo toda la noche y trabajo todo el día.
Soy un leñador, qué alegría.
Duermo toda la noche y trabajo todo el día.
```

Pero en realidad la canción no es así.

4.7. Definición y usos

Reuniendo los fragmentos de código de las secciones anteriores, el programa completo sería algo como esto:

```
def muestra_estribillo():
    print 'Soy un leñador, que alegría.'
    print 'Duermo toda la noche y trabajo todo el día.'

def repite_estribillo():
    muestra_estribillo()
    muestra_estribillo()

repite_estribillo()
```

Este programa contiene dos definiciones de funciones: `muestra_estribillo` y `repite_estribillo`. Las definiciones de funciones son ejecutadas exactamente igual que cualquier otra sentencia, pero su resultado consiste en crear objetos del tipo función. Las sentencias dentro de cada función son ejecutadas solamente cuando se llama a esa función, y la definición de una función no genera ninguna salida.

Como ya te imaginarás, es necesario crear una función antes de que se pueda ejecutar. En otras palabras, la definición de la función debe ser ejecutada antes de que la función se llame por primera vez.

Ejercicio 4.2 Desplaza la última línea de este programa hacia arriba, de modo que la llamada a la función aparezca antes que las definiciones. Ejecuta el programa y observa qué mensaje de error obtienes.

Ejercicio 4.3 Desplaza la llamada de la función de nuevo hacia el final, y coloca la definición de `muestra_estribillo` después de la definición de `repite_estribillo`. ¿Qué ocurre cuando haces funcionar ese programa?

4.8.   Flujo de ejecución

Para asegurarnos de que una función está definida antes de usarla por primera vez, es necesario saber el orden en que las sentencias son ejecutadas, que es lo que llamamos el **flujo de ejecución**.

La ejecución siempre comienza en la primera sentencia del programa. Las sentencias son ejecutadas una por una, en orden de arriba hacia abajo.

Las *definiciones* de funciones no alteran el flujo de la ejecución del programa, pero recuerda que las sentencias dentro de una función no son ejecutadas hasta que se llama a esa función.

Una llamada a una función es como un desvío en el flujo de la ejecución. En vez de pasar a la siguiente sentencia, el flujo salta al cuerpo de la función, ejecuta todas las sentencias que hay allí, y después vuelve al punto donde lo dejó.

Todo esto parece bastante sencillo, hasta que uno recuerda que una función puede llamar a otra. Cuando está en mitad de una función, el programa puede tener que ejecutar las sentencias de otra función. Pero cuando está ejecutando esa nueva función, ¡tal vez haya que ejecutar todavía más funciones!

Afortunadamente, Python es capaz de llevar el seguimiento de dónde se encuentra en cada momento, de modo que cada vez que completa la ejecución de una función, el programa vuelve al punto donde lo dejó en la función que había llamado a esa. Cuando esto le lleva hasta el final del programa, simplemente termina.

¿Cuál es la moraleja de esta sórdida historia? Cuando leas un programa, no siempre te convendrá hacerlo de arriba a abajo. A veces tiene más sentido seguir el flujo de la ejecución.

4.9.   Parámetros y argumentos

Algunas de las funciones internas que hemos visto necesitan argumentos. Por ejemplo, cuando se llama a `math.sin`, se le pasa un número como argumento. Algunas funciones necesitan más de un argumento: `math.pow` toma dos, la base y el exponente.

Dentro de las funciones, los argumentos son asignados a variables llamadas **parámetros**. A continuación mostramos un ejemplo de una función definida por el usuario que recibe un argumento:

```
def muestra_dos_veces(bruce):
    print bruce
    print bruce
```

Esta función asigna el argumento a un parámetro llamado `bruce`. Cuando la función es llamada, imprime el valor del parámetro (sea éste lo que sea) dos veces.

Esta función funciona con cualquier valor que pueda ser mostrado en pantalla.

```
>>> muestra_dos_veces('Spam')
Spam
Spam
>>> muestra_dos_veces(17)
17
17
>>> muestra_dos_veces(math.pi)
3.14159265359
3.14159265359
```

Las mismas reglas de composición que se aplican a las funciones internas, también se aplican a las funciones definidas por el usuario, de modo que podemos usar cualquier tipo de expresión como argumento para `muestra_dos_veces`:

```
>>> muestra_dos_veces('Spam '*4)
Spam Spam Spam Spam
Spam Spam Spam Spam
>>> muestra_dos_veces(math.cos(math.pi))
-1.0
-1.0
```

El argumento es evaluado antes de que la función sea llamada, así que en los ejemplos, la expresión `'Spam '*4` y `math.cos(math.pi)` son evaluadas sólo una vez.

También se puede usar una variable como argumento:

```
>>> michael = 'Eric, la medio-abeja.'
>>> muestra_dos_veces(michael)
Eric, la medio-abeja.
Eric, la medio-abeja.
```

El nombre de la variable que pasamos como argumento, (`michael`) no tiene nada que ver con el nombre del parámetro (`bruce`). No importa cómo se haya llamado al valor en origen (en la llamada); dentro de `muestra_dos_veces`, siempre se llamará `bruce`.

4.10.   Funciones productivas y funciones estériles

Algunas de las funciones que estamos usando, como las matemáticas, producen resultados; a falta de un nombre mejor, las llamaremos **funciones productivas** (fruitful functions). Otras funciones, como `muestra_dos_veces`, realizan una ac- ción, pero no devuelven un valor. A esas las llamaremos **funciones estériles** (void functions).

Cuando llamas a una función productiva, casi siempre querrás hacer luego algo con el resultado; por ejemplo, puede que quieras asignarlo a una variable o usarlo como parte de una expresión:

```
x = math.cos(radians)
aurea = (math.sqrt(5) + 1) / 2
```

Cuando llamas a una función en modo interactivo, Python muestra el resultado:

```
>>> math.sqrt(5)
2.2360679774997898
```

Pero en un script, si llamas a una función productiva y no almacenas el resultado de la misma en una variable, ¡el valor de retorno se desvanece en la niebla!

```
math.sqrt(5)
```

Este script calcula la raíz cuadrada de 5, pero dado que no almacena el resultado en una variable ni lo muestra, no resulta en realidad muy útil.

Las funciones estériles pueden mostrar algo en la pantalla o tener cualquier otro efecto, pero no devuelven un valor. Si intentas asignar el resultado a una variable, obtendrás un valor especial llamado `None` (nada).

```
>>> resultado = print_twice('Bing')
Bing
Bing
>>> print resultado
None
```

El valor `None` no es el mismo que la cadena `'None'`. Es un valor especial que tiene su propio tipo:

```
>>> print type(None)
<type 'NoneType'>
```

Para devolver un resultado desde una función, usamos la sentencia `return` dentro de ella. Por ejemplo, podemos crear una función muy simple llamada `sumados`, que suma dos números y devuelve el resultado.

```
def sumados(a, b):
    suma = a + b
    return suma

x = sumados(3, 5)
print x
```

Cuando se ejecuta este script, la sentencia `print` mostrará "8", ya que la función `sumados` ha sido llamada con 3 y 5 como argumentos. Dentro de la función, los parámetros `a` y `b` equivaldrán a 3 y a 5 respectivamente. La función calculó la suma de ambos número y la guardó en una variable local a la función llamada `suma`. Después usó la sentencia `return` para enviar el valor calculado de vuelta al código de llamada como resultado de la función, que fue asignado a la variable `x` y mostrado en pantalla.

4.11.   ¿Por qué funciones?

Puede no estar muy claro por qué merece la pena molestarse en dividir un programa en funciones. Existen varias razones:

- El crear una función nueva te da oportunidad de dar nombre a un grupo de sentencias, lo cual hace a tu programa más fácil de leer, entender, y depurar.

- Las funciones pueden hacer un programa más pequeño, al eliminar código repetido. Además, si quieres realizar cualquier cambio en el futuro, sólo tendrás que hacerlo en un único lugar.

- Dividir un programa largo en funciones te permite depurar las partes de una en una y luego ensamblarlas juntas en una sola pieza.

- Las funciones bien diseñadas a menudo resultan útiles para otros muchos programas. Una vez que has escrito y depurado una, puedes reutilizarla.

A lo largo del resto del libro, a menudo usaremos una definición de función para explicar un concepto. Parte de la habilidad de crear y usar funciones consiste en llegar a tener una función que capture correctamente una idea, como "encontrar el valor más pequeño en una lista de valores". Más adelante te mostraremos el código para encontrar el valor más pequeño de una lista de valores y te lo presentaremos como una función llamada `min`, que toma una lista de valores como argumento y devuelve el menor valor de esa lista.

4.12. Depuración

Si estás usando un editor de texto para escribir tus propios scripts, puede que tengas problemas con los espacios y tabulaciones. El mejor modo de evitar esos problemas es usar espacios exclusivamente (no tabulaciones). La mayoría de los editores de texto que reconocen Python lo hacen así por defecto, aunque hay algunos que no.

Las tabulaciones y los espacios normalmente son invisibles, lo cual hace que sea difícil depurar los errores que se pueden producir, así que mejor busca un editor que gestione el indentado por ti.

Tampoco te olvides de guardar tu programa antes de hacerlo funcionar. Algunos entornos de desarrollo lo hacen automáticamente, pero otros no. En ese caso, el programa que estás viendo en el editor de texto puede no ser el mismo que estás ejecutando en realidad.

¡La depuración puede llevar mucho tiempo si estás haciendo funcionar el mismo programa con errores una y otra vez!

Asegúrate que el código que estás examinando es el mismo que estás ejecutando. Si no estás seguro, pon algo como `print 'hola'` al principio del programa y hazlo funcionar de nuevo. Si no ves `hola` en la pantalla, ¡es que no estás ejecutando el programa correcto!

4.13. Glosario

algoritmo: Un proceso general para resolver una categoría de problemas.

argumento: Un valor proporcionado a una función cuando ésta es llamada. Ese valor se asigna al parámetro correspondiente en la función.

cabecera: La primera línea de una definición de función.

cuerpo: La secuencia de sentencias dentro de la definición de una función.

composición: Uso de una expresión o sentencia como parte de otra más larga,

definición de función: Una sentencia que crea una función nueva, especificando su nombre, parámetros, y las sentencias que ejecuta.

determinístico: Perteneciente a un programa que hace lo mismo cada vez que se ejecuta, a partir de las mismas entradas.

función: Una secuencia de sentencias con un nombre que realizan alguna operación útil. Las funciones pueden tomar argumentos o no, y pueden producir un resultado o no.

función productiva (fruitful function): Una función que devuelve un valor.

función estéril (void function): Una función que no devuelve ningún valor.

flujo de ejecución: El orden en el cual se ejecutan las sentencias durante el funcionamiento de un programa.

llamada a función: Una sentencia que ejecuta una función. Consiste en el nombre de la función seguido por una lista de argumentos.

notación punto: La sintaxis para llamar a una función de otro módulo, especificando el nombre del módulo seguido por un punto y el nombre de la función.

objeto función: Un valor creado por una definición de función. El nombre de la función es una variable que se refiere al objeto función.

objeto módulo: Un valor creado por una sentencia `import`, que proporciona acceso a los datos y código definidos en un módulo.

parámetro: Un nombre usado dentro de una función para referirse al valor pasado como argumento.

pseudoaleatorio: Perteneciente a una secuencia de números que parecen ser aleatorios, pero son generados por un programa determinista.

sentencia import: Una sentencia que lee un archivo módulo y crea un objeto módulo.

valor de retorno: El resultado de una función. Si una llamada a una función es usada como una expresión, el valor de retorno es el valor de la expresión.

4.14. Ejercicios

Ejercicio 4.4 ¿Cuál es la utilidad de la palabra clave "def" en Python?

a) Es una jerga que significa "este código es realmente estupendo"
b) Indica el comienzo de una función
c) Indica que la siguiente sección de código indentado debe ser almacenada para usarla más tarde
d) b y c son correctas ambas
e) Ninguna de las anteriores

Ejercicio 4.5 ¿Qué mostrará en pantalla en siguiente programa Python?

```
def fred():
    print "Zap"

def jane():
    print "ABC"

jane()
```

```
fred()
jane()
```

a) Zap ABC jane fred jane
b) Zap ABC Zap
c) ABC Zap jane
d) ABC Zap ABC
e) Zap Zap Zap

Ejercicio 4.6 Reescribe el programa de cálculo del salario, con tarifa-y-media para las horas extras, y crea una función llamada `calculo_salario` que reciba dos parámetros (`horas` y `tarifa`).

```
Introduzca Horas: 45
Introduzca Tarifa: 10
Salario: 475.0
```

Ejercicio 4.7 Reescribe el programa de calificaciones del capítulo anterior usando una función llamada `calcula_calificacion`, que reciba una puntuación como parámetro y devuelva una calificación como cadena.

```
Puntuación Calificación
> 0.9      Sobresaliente
> 0.8      Notable
> 0.7      Bien
> 0.6      Suficiente
<= 0.6     Insuficiente


Ejecución del programa:

Introduzca puntuación: 0.95
Sobresaliente

Introduzca puntuación: perfecto
Puntuación incorrecta

Introduzca puntuación: 10.0
Puntuación incorrecta

Introduzca puntuación: 0.75
Bien

Introduzca puntuación: 0.5
Insuficiente
```

Ejecuta el programa repetidamente para probar con varios valores de entrada diferentes.

Capítulo 5

Iteración

5.1. Actualización de variables

Uno de los usos habituales de las sentencia de asignación consiste en realizar una actualización sobre una variable – en la cual el valor nuevo de esa variable depende del antiguo.

```
x = x+1
```

Esto quiere decir "'toma el valor actual de x, añádele 1, y luego actualiza x con el nuevo valor".

Si intentas actualizar una variable que no existe, obtendrás un error, ya que Python evalúa el lado derecho antes de asignar el valor a x:

```
>>> x = x+1
NameError: name 'x' is not defined
```

Antes de que puedas actualizar una variable, debes **inicializarla**, normalmente mediante una simple asignación:

```
>>> x = 0
>>> x = x+1
```

Actualizar una variable añadiéndole 1 se denomina **incrementar**; restarle 1 recibe el nombre de **decrementar** (o disminuir).

5.2. La sentencia `while`

Los PCs se suelen utilizar a menudo para automatizar tareas repetitivas. Repetir tareas idénticas o muy similares sin cometer errores es algo que a las máquinas se les da bien y en cambio a las personas no. Como las iteraciones resultan tan habituales, Python proporciona varias características en su lenguaje para hacerlas más sencillas.

Una forma de iteración en Python es la sentencia `while`. He aquí un programa sencillo que cuenta hacia atrás desde cinco y luego dice "¡Despegue!".

```
n = 5
while n > 0:
    print n
    n = n-1
print '¡Despegue!'
```

Casi se puede leer la sentencia `while` como si estuviera escrita en inglés. Significa, "Mientras `n` sea mayor que 0, muestra el valor de `n` y luego reduce el valor de `n` en 1 unidad. Cuando llegues a 0, sal de la sentencia `while` y muestra la palabra `¡Despegue!`"

Éste es el flujo de ejecución de la sentencia `while`, explicado de un modo más formal:

1. Se evalúa la condición, obteniendo `Verdadero` or `Falso`.

2. Si la condición es falsa, se sale de la sentencia `while` y se continúa la ejecución en la siguiente sentencia.

3. Si la condición es verdadera, se ejecuta el cuerpo del `while` y luego se vuelve al paso 1.

Este tipo de flujo recibe el nombre de **bucle**, ya que el tercer paso enlaza de nuevo con el primero. Cada vez que se ejecuta el cuerpo del bucle se dice que realizamos una **iteración**. Para el bucle anterior, podríamos decir que "ha tenido cinco iteraciones", lo que significa que el cuerpo del bucle se ha ejecutado cinco veces.

El cuerpo del bucle debe cambiar el valor de una o más variables, de modo que la condición pueda en algún momento evaluarse como falsa y el bucle termine. La variable que cambia cada vez que el bucle se ejecuta y controla cuándo termina éste, recibe el nombre de **variable de iteración**. Si no hay variable de iteración, el bucle se repetirá para siempre, resultando así un **bucle infinito**.

5.3. Bucles infinitos

Una fuente de diversión sin fin para los programadores es la constatación de que las instrucciones del champú: "Enjabone, aclare, repita", son un bucle infinito, ya que no hay una **variable de iteración** que diga cuántas veces debe ejecutarse el proceso.

En el caso de una `cuenta atrás`, podemos verificar que el bucle termina, ya que sabemos que el valor de `n` es finito, y podemos ver que ese valor se va haciendo más pequeño cada vez que se repite el bucle, de modo que en algún momento llegará a 0. Otras veces un bucle es obviamente infinito, porque no tiene ninguna variable de iteración.

5.4. "Bucles infinitos" y `break`

A veces no se sabe si hay que terminar un bucle hasta que se ha recorrido la mitad del cuerpo del mismo. En ese caso se puede crear un bucle infinito a propósito y usar la sentencia `break` para salir fuera de él cuando se desee.

El bucle siguiente es, obviamente, un **bucle infinito**, porque la expresión lógica de la sentencia `while` es simplemente la constante lógica `True` (verdadero);

```
n = 10
while True:
    print n,
    n = n - 1
print '¡Terminado!'
```

Si cometes el error de ejecutar este código, aprenderás rápidamente cómo detener un proceso de Python bloqueado en el sistema, o tendrás que localizar dónde se encuentra el botón de apagado de tu equipo. Este programa funcionará para siempre, o hasta que la batería del equipo se termine, ya que la expresión lógica al principio del bucle es siempre cierta, en virtud del hecho de que esa expresión es precisamente el valor constante `True`.

A pesar de que en este caso se trata de un bucle infinito inútil, se puede usar ese diseño para construir bucles útiles, siempre que se tenga la precaución de añadir código en el cuerpo del bucle para salir explícitamente, usando `break` cuando se haya alcanzado la condición de salida.

Por ejemplo, supón que quieres recoger entradas de texto del usuario hasta que éste escriba `fin`. Podrías escribir:

```
while True:
    linea = raw_input('> ')
    if linea == 'fin':
        break
    print linea
print '¡Terminado!'
```

La condición del bucle es `True`, lo cual es verdadero siempre, así que el bucle se repetirá hasta que se ejecute la sentencia break.

Cada vez que se entre en el bucle, se pedirá una entrada al usuario. Si el usuario escribe `fin`, la sentencia `break` hará que se salga del bucle. En cualquier otro caso, el programa repetirá cualquier cosa que el usuario escriba y volverá al principio del bucle. Éste es un ejemplo de su funcionamiento:

```
> hola a todos
hola a todos
> he terminado
he terminado
> fin
¡Terminado!
```

Este modo de escribir bucles while es habitual, ya que así se puede comprobar la condición en cualquier punto del bucle (no sólo al principio), y se puede expresar la condición de parada afirmativamente ("detente cuando ocurra..."), en vez de tener que hacerlo con lógica negativa ("sigue haciéndolo hasta que ocurra...").

5.5. Finalizar iteraciones con continue

Algunas veces, estando dentro de un bucle se necesita terminar con la iteración actual y saltar a la siguiente de forma inmediata. En ese caso se puede utilizar la sentencia continue para pasar a la siguiente iteración sin terminar la ejecución del cuerpo del bucle para la actual.

A continuación se muestra un ejemplo de un bucle que repite lo que recibe como entrada hasta que el usuario escribe "fin", pero trata las líneas que empiezan por el carácter almohadilla como líneas que no deben mostrarse en pantalla (algo parecido a lo que hace Python con los comentarios).

```
while True:
    linea = raw_input('> ')
    if linea[0] == '#' :
        continue
    if linea == 'fin':
        break
    print linea
print '¡Terminado!'
```

He aquí una ejecución de ejemplo de ese nuevo programa con la sentencia continue añadida.

```
> hola a todos
hola a todos
> # no imprimas esto
> ¡imprime esto!
¡imprime esto!
> fin
¡Terminado!
```

Todas las líneas se imprimen en pantalla, excepto la que comienza con el símbolo de almohadilla, ya que en ese caso se ejecuta continue, finaliza la iteración actual y salta de vuelta a la sentencia while para comenzar la siguiente iteración, de modo que que se omite la sentencia print.

5.6. Bucles definidos usando for

A veces se desea repetir un bucle a través de un **conjunto** de cosas, como una lista de palabras, las líneas de un archivo, o una lista de números. Cuando se tiene una lista de cosas para recorrer, se puede construir un bucle *definido* usando una sentencia `for`. A la sentencia `while` se la llama un bucle *indefinido*, porque simplemente se repite hasta que cierta condición se hace `Falsa`, mientras que el bucle `for` se repite a través de un conjunto conocido de elementos, de modo que ejecuta tantas iteraciones como elementos hay en el conjunto.

La sintaxis de un bucle `for` es similar a la del bucle `while`, en ella hay una sentencia `for` y un cuerpo que se repite:

```
amigos = ['Joseph', 'Glenn', 'Sally']
for amigo in amigos:
    print 'Feliz año nuevo:', amigo
print '¡Terminado!'
```

En términos de Python, la variable `amigos` es una lista[1] de tres cadenas y el bucle `for` se mueve recorriendo la lista y ejecuta su cuerpo una vez para cada una de las tres cadenas en la lista, produciendo esta salida:

```
Feliz año nuevo: Joseph
Feliz año nuevo: Glenn
Feliz año nuevo: Sally
¡Terminado!
```

La traducción de este bucle `for` al español no es tan directa como en el caso del `while`, pero si piensas en los amigos como un **conjunto**, sería algo así como: "Ejecuta las sentencias en el cuerpo del bucle una vez para cada amigo que esté *en (in)* el conjunto llamado amigos."

Revisando el bucle, `for`, **for** e **in** son palabras reservadas de Python, mientras que `amigo` y `amigos` son variables.

```
for amigo in amigos:
    print 'Feliz año nuevo:', amigo
```

En concreto, `amigo` es la **variable de iteración** para el bucle for. La variable `amigo` cambia para cada iteración del bucle y controla cuándo se termina el bucle `for`. La **variable de iteracion** se desplaza sucesivamente a través de las tres cadenas almacenadas en la variable `amigos`.

5.7. Diseños de bucles

A menudo se usa un bucle `for` o `while` para movernos a través de una lista de elementos o el contenido de un archivo y se busca algo, como el valor más grande o el más pequeño de los datos que estamos revisando.

Los bucles generalmente se construyen así:

- Se inicializan una o más variables antes de que el bucle comience

---

[1]Examinaremos las listas con más detalle en un capítulo posterior.

- Se realiza alguna operación con cada elemento en el cuerpo del bucle, posiblemente cambiando las variables dentro de ese cuerpo.

- Se revisan las variables resultantes cuando el bucle se completa

Usaremos ahora una lista de números para demostrar los conceptos y construcción de estos diseños de bucles.

5.7.1. Bucles de recuento y suma

Por ejemplo, para contar el número de elementos en una lista, podemos escribir el siguiente bucle `for`:

```
contador = 0
for valor in [3, 41, 12, 9, 74, 15]:
    contador = contador + 1
print 'Num. elementos: ', contador
```

Ajustamos la variable `contador` a cero antes de que el bucle comience, después escribimos un bucle `for` para movernos a través de la lista de números. Nuestra variable de **iteración** se llama `valor`, y dado que no usamos `valor` dentro del bucle, lo único que hace es controlar el bucle y hacer que el cuerpo del mismo sea ejecutado una vez para cada uno de los valores de la lista.

En el cuerpo del bucle, añadimos 1 al valor actual de `contador` para cada uno de los valores de la lista. Mientras el bucle se está ejecutando, el valor de `contador` es la cantidad de valores que se hayan visto "hasta ese momento".

Una vez el bucle se completa, el valor de `contador` es el número total de elementos. El número total "cae en nuestro poder" al final del bucle. Se construye el bucle de modo que obtengamos lo que queremos cuando éste termina.

Otro bucle similar, que calcula el total de un conjunto de números, se muestra a continuación:

```
total = 0
for valor in [3, 41, 12, 9, 74, 15]:
    total = total + valor
print 'Total: ', total
```

En este bucle, *sí* utilizamos la **variable de iteración**. En vez de añadir simplemente uno a `contador` como en el bucle previo, ahora durante cada iteración del bucle añadimos el número actual (3, 41, 12, etc.) al total en ese momento. Si piensas en la variable `total`, ésta contiene la "suma parcial de valores hasta ese momento". Así que antes de que el bucle comience, `total` es cero, porque aún no se ha examinado ningún valor. Durante el bucle, `total` es la suma parcial, y al final del bucle, `total` es la suma total definitiva de todos los valores de la lista.

Cuando el bucle se ejecuta, `total` acumula la suma de los elementos; una variable que se usa de este modo recibe a veces el nombre de **acumulador**.

Ni el bucle que cuenta los elementos ni el que los suma resultan particularmente útiles en la práctica, dado que existen las funciones internas `len()` y `sum()` que cuentan el número de elementos de una lista y el total de elementos en la misma respectivamente.

5.7.2. Bucles de máximos y mínimos

Para encontrar el valor mayor de una lista o secuencia, construimos el bucle siguiente:

```
mayor = None
print 'Antes:', mayor
for valor in [3, 41, 12, 9, 74, 15]:
    if mayor is None or valor > mayor :
        mayor = valor
    print 'Bucle:', valor, mayor
print 'Mayor:', mayor
```

Cuando se ejecuta el programa, se obtiene la siguiente salida:

```
Antes: None
Bucle: 3 3
Bucle: 41 41
Bucle: 12 41
Bucle: 9 41
Bucle: 74 74
Bucle: 15 74
Mayor: 74
```

Debemos pensar en la variable `mayor` como el "mayor valor visto hasta ese momento". Antes del bucle, asignamos a `mayor` el valor `None`. `None` es un valor constante especial que se puede almacenar en una variable para indicar que la variable está "vacía".

Antes de que el bucle comience, el mayor valor visto hasta entonces es `None`, dado que no se ha visto aún ningún valor. Durante la ejecución del bucle, si `mayor` es `None`, entonces tomamos el primer valor que tenemos como el mayor hasta entonces. Se puede ver en la primera iteración, cuando el valor de `valor` es 3, mientras que `mayor` es `None`, inmediatamente hacemos que `mayor` pase a ser 3.

Tras la primera iteración, `mayor` ya no es `None`, así que la segunda parte de la expresión lógica compuesta que comprueba si `valor >mayor` se activará sólo cuando encontremos un valor que sea mayor que el "mayor hasta ese momento". Cuando encontramos un nuevo valor "mayor aún", tomamos ese nuevo valor para `mayor`. Se puede ver en la salida del programa que `mayor` pasa desde 3 a 41 y luego a 74.

Al final del bucle, se habrán revisado todos los valores y la variable `mayor` contendrá entonces el valor más grande de la lista.

Para calcular el número más pequeño, el código es muy similar con un pequeño cambio:

```
menor = None
print 'Antes:', menor
for valor in [3, 41, 12, 9, 74, 15]:
    if menor is None or valor < menor:
        menor = valor
    print 'Bucle:', valor, menor
print 'Menor:', menor
```

De nuevo, `menor` es el "menor hasta ese momento" antes, durante y después de que el bucle se ejecute. Cuando el bucle se ha completado, `menor` contendrá el valor mínimo de la lista

También como en el caso del número de elementos y de la suma, las funciones internas `max()` y `min()` convierten la escritura de este tipo de bucles en innecesaria.

Lo siguiente es una versión simple de la función interna de Python `min()`:

```
def min(valores):
    menor = None
    for valor in valores:
        if menor is None or valor < menor:
            menor = valor
    return menor
```

En esta versión de la función para calcular el mínimo, hemos eliminado las sentencias `print`, de modo que sea equivalente a la función `min`, que ya está incorporada dentro de Python.

5.8. Depuración

A medida que vayas escribiendo programas más grandes, puede que notes que vas necesitando emplear cada vez más tiempo en depurarlos. Más código significa más oportunidades de cometer un error y más lugares donde los bugs pueden esconderse.

Un método para acortar el tiempo de depuración es "depurar por bisección". Por ejemplo, si hay 100 líneas en tu programa y las compruebas de una en una, te llevará 100 pasos.

En lugar de eso, intenta partir el problema por la mitad. Busca en medio del programa, o cerca de ahí, un valor intermedio que puedas comprobar. Añade una sentencia `print` (o alguna otra cosa que tenga un efecto verificable), y haz funcionar el programa.

Si en el punto medio la verificación es incorrecta, el problema debería estar en la primera mitad del programa. Si ésta es correcta, el problema estará en la segunda mitad.

Cada vez que realices una comprobación como esta, reduces a la mitad el número de líneas en las que buscar. Después de seis pasos (que son muchos menos de 100), lo habrás reducido a una o dos líneas de código, al menos en teoría.

En la práctica no siempre está claro qué es "el medio del programa", y no siempre es posible colocar ahí una verificación. No tiene sentido contar las líneas y encontrar el punto medio exacto. En lugar de eso, piensa en lugares del programa en los cuales pueda haber errores y en lugares donde resulte fácil colocar una comprobación. Luego elige un sitio donde estimes que las oportunidades de que el bug esté por delante y las de que esté por detrás de esa comprobación son más o menos las mismas.

5.9.   Glosario

acumulador: Una variable usada en un bucle para sumar o acumular un resultado.

bucle infinito: Un bucle en el cual la condición de terminación no se satisface nunca o para el cual no existe dicha condición de terminación.

contador: Una variable usada en un bucle para contar el número de veces que algo sucede. Inicializamos el contador a cero y luego lo vamos incrementando cada vez que queramos que "cuente" algo.

decremento: Una actualización que disminuye el valor de una variable.

inicializar: Una asignación que da un valor inicial a una variable que va a ser después actualizada.

incremento: Una actualización que aumenta el valor de una variable (a menudo en una unidad).

iteración: Ejecución repetida de una serie de sentencias usando bien una función que se llama a si misma o bien un bucle.

5.10.   Ejercicios

Ejercicio 5.1 Escribe un programa que lea repetidamente números hasta que el usuario introduzca "fin". Una vez se haya introducido "fin", muestra por pantalla el total, la cantidad de números y la media de esos números. Si el usuario introduce cualquier otra cosa que no sea un número, detecta su fallo usando `try` y `except`, muestra un mensaje de error y pasa al número siguiente.

```
Introduzca un número: 4
Introduzca un número: 5
Introduzca un número: dato erróneo
```

```
Entrada inválida
Introduzca un número: 7
Introduzca un número: fin
16 3 5.33333333333
```

Ejercicio 5.2 Escribe otro programa que pida una lista de números como la anterior y al final muestre por pantalla el máximo y mínimo de los números, en vez de la media.

Capítulo 6

Cadenas

6.1. Una cadena es una secuencia

Una cadena es una **secuencia** de caracteres. Puedes acceder a los caracteres de uno en uno con el operador corchete:

```
>>> fruta = 'banana'
>>> letra = fruta[1]
```

La segunda sentencia extrae el carácter en la posición índice 1 de la variable `fruta` y lo asigna a la variable `letra`.

La expresión entre corchetes recibe el nombre de **índice**. El índice indica a qué carácter de la secuencia se desea acceder (de ahí su nombre).

Pero puede que no obtengas exactamente lo que esperabas:

```
>>> print letra
a
```

Para la mayoría de la gente, la primera letra de `'banana'` es b, no a. Pero en Python, el índice es un seguimiento desde el comienzo de la cadena, y el seguimiento para la primera letra es cero.

```
>>> letra = fruta[0]
>>> print letra
b
```

De modo que b es la "cero-ésima" letra de `'banana'`, a es la primera letra, y n es la segunda.

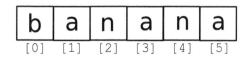

Se puede utilizar cualquier expresión, incluyendo variables y operadores, como índice, pero el valor del índice debe ser un entero. Si no es así obtendrás:

```
>>> letra = fruta[1.5]
TypeError: string indices must be integers
```

6.2.   Obtener la longitud de una cadena mediante `len`

`len` es una función interna que devuelve el número de caracteres de una cadena:

```
>>> fruta = 'banana'
>>> len(fruta)
6
```

Para obtener la última letra de una cadena, puedes sentirte tentado a intentar algo como esto:

```
>>> longitud = len(fruta)
>>> ultima = fruta[longitud]
IndexError: string index out of range
```

La razón de que se produzca un `IndexError` es que no hay ninguna letra en `'banana'` cuyo índice sea 6. Dado que comenzamos a contar desde cero, las seis letras son numeradas desde 0 hasta 5. Para obtener el último carácter, debes restar 1 a `length`:

```
>>> ultima = fruta[longitud-1]
>>> print ultima
a
```

Como alternativa, se pueden usar índices negativos, que cuentan hacia atrás desde el final de la cadena. La expresión `fruta[-1]` obtiene la última letra, `fruta[-2]` extrae la segunda desde el final, y así todas las demás.

6.3.   Recorrido a través de una cadena con un bucle

Muchas operaciones implican procesar una cadena carácter por carácter. A menudo se empieza por el principio, se van seleccionando caracteres de uno en uno, se hace algo con ellos, y se continúa hasta el final. Este modelo de procesado recibe el nombre de **recorrido**. Una forma de escribir un recorrido es usar un bucle `while`:

```
indice = 0
while indice < len(fruta):
    letra = fruta[indice]
    print letra
    indice = indice + 1
```

Este bucle recorre la cadena y muestra cada letra en su propia línea. La condición del bucle es `indice <len(fruta)`, de modo que cuando `indice` es igual a la longitud de la cadena, la condición es falsa, y el cuerpo del bucle no se ejecuta. El último carácter al que se accede es el que tiene el índice `len(fruta)-1`, que resulta ser el último carácter de la cadena.

Ejercicio 6.1 Escribe un bucle while que comience en el último carácter de la cadena y haga su recorrido hacia atrás hasta el primer carácter de la misma, mostrando cada letra en una línea separada.

Otro modo de escribir un recorrido es con un bucle for:

```
for car in fruta:
    print car
```

Cada vez que se recorre el bucle, el carácter siguiente de la cadena es asignado a la variable car. El bucle continúa hasta que no quedan caracteres.

6.4.   Rebanado de cadenas (slicing)

Un segmento de una cadena recibe el nombre de **rebanada** (slice). Seleccionar una rebanada es similar a seleccionar caracteres:

```
>>> s = 'Monty Python'
>>> print s[0:5]
Monty
>>> print s[6:12]
Python
```

El operador [n:m] devuelve la parte de la cadena desde el "n-ésimo" carácter hasta el "m-ésimo", incluyendo el primero pero excluyendo el último.

Si se omite el primer índice (el que va antes de los dos-puntos), la rebanada comenzará al principio de la cadena. Si el que se omite es el segundo, la rebanada abarcará hasta el final de la cadena:

```
>>> fruta = 'banana'
>>> fruta[:3]
'ban'
>>> fruta[3:]
'ana'
```

Si el primer índice es mayor o igual que el segundo, el resultado será una **cadena vacía**, representada por dos comillas:

```
>>> fruta = 'banana'
>>> fruta[3:3]
''
```

Una cadena vacía no contiene caracteres y tiene una longitud 0, pero por lo demás es exactamente igual que cualquier otra cadena.

Ejercicio 6.2 Dado que fruta es una cadena, ¿qué significa fruta[:]?

6.5.   Las cadenas son inmutables

Resulta tentador el utilizar el operador [ ] en la parte izquierda de una asignación, con la intención de cambiar un carácter en una cadena. Por ejemplo:

```
>>> saludo = '¡Hola, mundo!'
>>> saludo[0] = 'J'
TypeError: object does not support item assignment
```

Error de tipado: El objeto no soporta la asignación del elemento. El "objeto" (object) en este caso es la cadena y el "elemento" (item) es el carácter que intentabas asignar. Por ahora, consideraremos que un **objeto** es lo mismo que un valor, aunque mejoraremos esa definición más adelante. Un **elemento** es uno de los valores en una secuencia.

La razón del error es que las cadenas son **inmutables**, lo cual significa que no se puede cambiar una cadena existente. Lo mejor que se puede hacer en estos casos es crear una cadena nueva que sea una variación de la original:

```
>>> saludo = '¡Hola, mundo!'
>>> nuevo_saludo = 'J' + saludo[1:]
>>> print nuevo_saludo
JHola, mundo!
```

Este ejemplo concatena una primera letra nueva en una rebanada (slice) de saludo. Esto conserva intacta la cadena original.

6.6.   Bucles y contadores

El siguiente programa cuenta el número de veces que aparece la letra a en una cadena:

```
palabra = 'banana'
contador = 0
for letra in palabra:
    if letra == 'a':
        contador = contador + 1
print contador
```

Este programa demuestra otro diseño del cálculo llamado **contador**. La variable contador es inicializada a 0 y después es incrementada cada vez que se encuentra una a. Cuando se sale del bucle, contador contiene el resultado—el número total de a's

Ejercicio 6.3 Encapsula el código anterior en una función llamada contador, y generalízala, de modo que acepte la cadena y la letra como argumentos.

6.7.   El operador in

La palabra in es un operador booleano que toma dos cadenas y devuelve True (verdadero) si la primera aparece como subcadena dentro de la segunda:

```
>>> 'a' in 'banana'
True
>>> 'seed' in 'banana'
False
```

6.8.   Comparación de cadenas

El operador de comparación funciona con cadenas. Para comprobar si dos cadenas son iguales:

```
if palabra == 'banana':
    print 'De acuerdo, bananas.'
```

Otros operadores de comparación resultan útiles para colocar palabras en orden alfabético:

```
if palabra < 'banana':
    print 'Tu palabra,' + palabra + ', va antes que banana.'
elif palabra > 'banana':
    print 'Tu palabra,' + palabra + ', va después que banana.'
else:
    print 'De acuerdo, bananas.'
```

Python no maneja las mayúsculas y minúsculas del mismo modo en que lo hacen las personas. Todas las letras mayúsculas van antes que las minúsculas, de modo que:

```
Tu palabra, Piña, va antes que banana.
```

Un método habitual para evitar este problema es convertir las cadenas a un formato estándar, por ejemplo todas a minúsculas, antes de realizar la comparación. Tenlo en cuenta en el caso de que tengas que defenderte de un hombre armado con una Piña.

6.9.   **Métodos de** cadenas

Las cadenas son un ejemplo de **objetos** en Python. Un objeto contiene tanto datos (la propia cadena en si misma) como **métodos**, que en realidad son funciones que están construidas dentro de los propios objetos y que están disponibles para cualquier **instancia** del objeto.

Python dispone de una función llamada dir que lista los métodos disponibles para un objeto. La función type muestra el tipo de cualquier objeto y la función dir muestra los métodos disponibles.

```
>>> cosa = '¡Hola, mundo!'
>>> type(cosa)
<type 'str'>
>>> dir(cosa)
['capitalize', 'center', 'count', 'decode', 'encode',
'endswith', 'expandtabs', 'find', 'format', 'index',
'isalnum', 'isalpha', 'isdigit', 'islower', 'isspace',
'istitle', 'isupper', 'join', 'ljust', 'lower', 'lstrip',
'partition', 'replace', 'rfind', 'rindex', 'rjust',
'rpartition', 'rsplit', 'rstrip', 'split', 'splitlines',
'startswith', 'strip', 'swapcase', 'title', 'translate',
'upper', 'zfill']
>>> help(str.capitalize)
Help on method_descriptor:

capitalize(...)
    S.capitalize() -> string

    Return a copy of the string S with only its first character
    capitalized.
>>>
```

A pesar de que la función `dir` lista los métodos, y de que puedes usar `help` para obtener un poco de información sobre cada método, una fuente de documentación mejor para los métodos de las cadenas se puede encontrar en `https://docs.python.org/2/library/stdtypes.html#string-methods`.

Llamar a un **método** es similar a llamar a una función—toma argumentos y devuelve un valor—pero la sintaxis es diferente. Un método se usa uniendo el nombre del método al de la variable, utilizando el punto como delimitador.

Por ejemplo, el método `upper` toma una cadena y devuelve otra nueva con todas las letras en mayúsculas:

En vez de usar la sintaxis de función `upper(palabra)`, se usa la sintaxis de método `palabra.upper()`.

```
>>> palabra = 'banana'
>>> nueva_palabra = palabra.upper()
>>> print nueva_palabra
BANANA
```

Esta forma de notación con punto especifica el nombre del método, `upper`, y el nombre de la cadena a la cual se debe aplicar ese método, `palabra`. Los paréntesis vacíos indican que el método no toma argumentos.

Una llamada a un método se denomina **invocación**; en este caso, diríamos que estamos invocando el método `upper` de `palabra`.

Por ejemplo, he aquí un método de cadena llamado `find`, que busca la posición de una cadena dentro de otra:

```
>>> palabra = 'banana'
```

```
>>> indice = palabra.find('a')
>>> print indice
1
```

En este ejemplo, se invoca el método `find` de `palabra` y se le pasa como parámetro la letra que estamos buscando.

El método `find` puede encontrar tanto subcadenas como caracteres:

```
>>> palabra.find('na')
2
```

Puede tomar un segundo argumento que indica en qué posición debe comenzar la
búsqueda:

```
>>> palabra.find('na', 3)
4
```

Una tarea habitual es eliminar espacios en blanco (espacios, tabulaciones, saltos
de línea) del principio y del final de una cadena usando el método `strip`:

```
>>> linea = '  Y allá vamos  '
>>> linea.strip()
'Y allá vamos'
```

Algunos métodos como **startswith** devuelven valores booleanos.

```
>>> linea = 'Que tengas un buen día'
>>> linea.startswith('Que')
True
>>> linea.startswith('q')
False
```

Te habrás fijado que `startswith` necesita que las mayúsculas también coincidan,
de modo que a veces tomaremos una línea y la convertiremos por completo a
minúsculas antes de hacer ninguna comprobación, usando para ello el método
`lower`.

```
>>> linea = 'Que tengas un buen día'
>>> linea.startswith('q')
False
>>> linea.lower()
'que tengas un buen día'
>>> linea.lower().startswith('q')
True
```

En el último ejemplo, se llama al método `lower` y después se usa `startswith`
para comprobar si la cadena resultante en minúsculas comienza por la letra "q".
Mientras tengamos cuidado con el orden en que las aplicamos, podemos hacer
múltiples llamadas a métodos en una única expresión..

Ejercicio 6.4 Existe un método de cadena llamado `count`, que es similar a la función que vimos en el ejercicio anterior. Lee la documentación de este método en
`https://docs.python.org/2/library/stdtypes.html#string-methods` y

escribe una invocación que cuente el número de veces que aparece la letra "a" en `'banana'`.

6.10.   Análisis de cadenas

A menudo tendremos que mirar en el interior una cadena para localizar una subcadena. Por ejemplo, si se nos presentan una serie de líneas formateadas de este modo:

```
From stephen.marquard@ uct.ac.za Sat Jan  5 09:14:16 2008
```

y queremos extraer sólo la segunda mitad de la dirección (es decir, `uct.ac.za`) de cada línea, podemos hacerlo usando el método `find` y rebanando (`slicing`) la cadena.

En primer lugar, buscaremos la posición del símbolo arroba en la cadena. Después, buscaremos la posición del primer espacio *después* de la arroba. Y a continuación rebanaremos la cadena para extraer la porción de la misma que estamos buscando.

```
>>> datos = 'From stephen.marquard@uct.ac.za Sat Jan  5 09:14:16 2008'
>>> pos_arroba = datos.find('@')
>>> print pos_arroba
21
>>> pos_esp = datos.find(' ',pos_arroba)
>>> print pos_esp
31
>>> host = data[pos_arroba+1:pos_esp]
>>> print host
uct.ac.za
>>>
```

Usamos la versión del método `find` que nos permite especificar una posición en la cadena desde la cual queremos que `find` empiece a buscar. Cuando rebanamos, extraemos los caracteres desde "uno más allá de la arroba hasta (*pero no incluyendo*) el carácter espacio".

La documentación para el método `find` está disponible en `https://docs.python.org/2/library/stdtypes.html#string-methods`.

6.11.   Operador de formato

El **operador de formato** `%`, nos permite construir cadenas, reemplazando parte de esas cadenas con los datos almacenados en variables. Cuando se aplica a enteros, `%` es el operador módulo. Pero cuando el primer operando es una cadena, `%` es el operador formato.

El primer operando es la **cadena a formatear**, que contiene una o más **secuencias de formato**, que especifican cómo será formateado el segundo operador. El resultado es una cadena.

Por ejemplo, la secuencia de formato `'%d'` quiere decir que el segundo operador debe ser formateado como un entero (`d` indica "decimal"):

```
>>> camellos = 42
>>> '%d' % camellos
'42'
```

El resultado es la cadena `'42'`, que no hay que confundir con el valor entero `42`.

Una secuencia de formato puede aparecer en cualquier sitio de la cadena, de modo que puedes insertar un valor en una frase:

```
>>> camellos = 42
>>> 'He divisado %d camellos.' % camellos
'He divisado 42 camellos.'
```

Si hay más de una secuencia de formato en la cadena, el segundo argumento debe ser una tupla[1]. Cada secuencia de formato se corresponde con un elemento de la tupla, en orden.

El ejemplo siguiente usa `'%d'` para formatear un entero, `'%g'` para formatear un número en punto flotante (no preguntes por qué), y `'%s'` para formatear una cadena:

```
>>> 'En %d años he divisado %g %s.' % (3, 0.1, 'camellos')
'En 3 años he divisado 0.1 camellos.'
```

El número de elementos en la tupla debe coincidir con el número de secuencias de formato en la cadena. El tipo de los elementos debe coincidir también con las secuencias de formato:

```
>>> '%d %d %d' % (1, 2)
TypeError: not enough arguments for format string
>>> '%d' % 'dólares'
TypeError: illegal argument type for built-in operation
```

En el primer ejemplo, no hay suficientes elementos; en el segundo, el elemento es de tipo incorrecto.

El operador de formato es potente, pero puede resultar difícil de utilizar. Puedes leer más sobre él en `https://docs.python.org/2/library/stdtypes.html# string-formatting`.

6.12. Depuración

Una capacidad que deberás desarrollar cuando programes es la de estar preguntándote siempre: "¿Qué podría salir mal aquí?", o también, "¿Qué locura puede hacer el usuario para destrozar nuestro (aparentemente) perfecto programa?"

---

[1]Una tupla es una secuencia de valores separados por comas dentro de unos paréntesis. Veremos las tuplas en el capítulo 10

Por ejemplo, mira el programa que usamos para demostrar el bucle `while` en el capítulo dedicado a la iteración:

```
while True:
    linea = raw_input('> ')
    if linea[0] == '#' :
        continue
    if linea == 'fin':
        break
    print linea

print '¡Terminado!'
```

Mira lo que sucede cuando el usuario introduce una línea vacía como entrada:

```
> hola a todos
hola a todos
> # no imprimas esto
> ¡imprime esto!
¡imprime esto!
>
Traceback (most recent call last):
  File "copytildone.py", line 3, in <module>
    if linea[0] == '#' :
```

El código funciona hasta que se le presenta una línea vacía. Entonces, como no hay carácter cero-ésimo, obtenemos un traceback. Existen dos soluciones a esto para convertir la línea tres en "segura", incluso cuando la entrada sea una cadena vacía.

Una posibilidad es simplemente usar el método `startswith`, que devuelve `False` (falso) si la cadena está vacía.

```
    if linea.startswith('#') :
```

Otro modo es asegurar la sentencia `if` usando el patrón **guardián**, y asegurarnos de que la segunda expresión lógica sea evaluada sólo cuando hay al menos un carácter en la cadena:

```
    if len(linea) > 0 and linea[0] == '#' :
```

6.13.   Glosario

búsqueda: Un diseño de recorrido que se detiene cuando encuentra lo que está buscando.

cadena vacía: Una cadena sin caracteres y de longitud 0, representada por dos comillas.

contador: Una variable utilizada para contar algo, normalmente inicializada a cero y luego incrementada.

cadena a formatear: Una cadena, usada con el operador de formato, que contiene secuencias de formato.

elemento: Uno de los valores en una secuencia.

flag (bandera): Una variable booleana que se usa para indicar si una condición es verdadera.

índice: Un valor entero usado para seleccionar un elemento de una secuencia, como puede ser un carácter en una cadena.

inmutable: La propiedad de una secuencia cuyos elementos no pueden ser asignados.

invocación: Una sentencia que llama a un método.

método: Una función que está asociada con un objeto y es llamada usando la notación punto.

objecto: Algo a lo que puede referirse una variable. Por ahora, puedes usar "objeto" y "valor" indistintamente.

operador de formato: Un operador, %, que toma una cadena a formatear y una tupla y genera una cadena que incluye los elementos de la tupla formateados como se especifica en la cadena de formato.

rebanada (slice): Una parte de una cadena especificada por un rango de índices.

recorrido: Iterar a través de los elementos de una secuencia, realizando un operación similar en cada uno de ellos.

secuencia: Un conjunto ordenado; es decir, un conjunto de valores donde cada valor está identificado por un índice entero.

secuencia de formato: Una secuencia de caracteres en una cadena de formato, como %d, que especifica cómo debe ser formateado un valor.

6.14.   Ejercicios

Ejercicio 6.5 Toma el código en Python siguiente, que almacena una cadena:'

```
cad = 'X-DSPAM-Confidence:    0.8475'
```

Usa find y rebanado de cadenas (slicing) para extraer la porción de la cadena después del carácter punto, y luego usa la función float para convertir la cadena extraída en un número en punto flotante.

Ejercicio 6.6 Lee la documentación de los métodos de cadena que está en `https://docs.python.org/2/library/stdtypes.html#string-methods`. Puede que quieras experimentar con algunos de ellos para asegurarte de que comprendes cómo funcionan. `strip` y `replace` resultan particularmente útiles.

La documentación utiliza una sintaxis que puede resultar confusa. Por ejemplo, en `find(sub[, start[, end]])`, los corchetes indican argumentos opcionales. De modo que `sub` es necesario, pero `start` es opcional, y si incluyes `start`, entonces `end` es opcional.

Capítulo 7

Ficheros

7.1. Persistencia

Hasta ahora, hemos aprendido cómo escribir programas y comunicar nuestras intenciones a la **Unidad Central de Procesamiento** usando ejecución condicional, funciones e iteraciones. Hemos aprendido cómo crear y usar estructuras de datos en la **Memoria Principal**. La CPU y la memoria son los lugares donde nuestro software trabaja y funciona. Ahí es donde se desarrolla toda la "inteligencia".

Pero si te acuerdas de nuestra discusión sobre arquitectura del hardware, una vez que la corriente se interrumpe, cualquier cosa almacenada tanto en la CPU como en la memoria principal se borra. Así que hasta ahora, nuestros programas ha sido sólo fugaces y divertidos ejercicios para aprender Python.

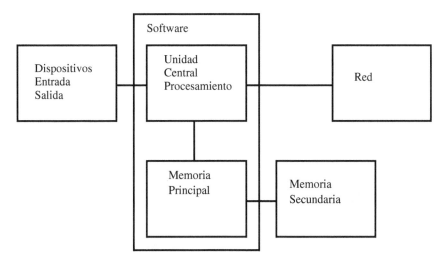

En este capítulo, comenzaremos a trabajar con la **Memoria Secundaria** (o ficheros, o archivos). La memoria secundaria no se borra aunque se interrumpa la corriente. Incluso, en el caso de una unidad flash USB, los datos que escribamos desde nuestros programas pueden ser retirados del sistema y transportados a otro equipo.

En primer lugar nos centraremos en leer y escribir ficheros de texto, como los que se crean usando un editor de texto cualquiera. Más tarde veremos cómo trabajar con archivos de bases de datos, que son ficheros binarios diseñados específicamente para ser leídos y escritos mediante software de manejo de bases de datos.

7.2.   Apertura de ficheros

Cuando se desea leer o escribir en un archivo (nos referimos en el disco duro), primero debemos **abrir** el fichero. Al abrir el fichero nos comunicamos con el sistema operativo, que sabe dónde se encuentran almacenados los datos de cada archivo. Cuando se abre un fichero, se está pidiendo al sistema operativo que lo busque por su nombre y se asegure de que existe. En este ejemplo, abrimos el fichero `mbox.txt`, que debería estar guardado en la misma carpeta en la que te encontrabas cuando iniciaste Python. Puedes descargar el fichero desde `www.py4inf.com/code/mbox.txt`

```
>>> manf = open('mbox.txt')
>>> print manf
<open file 'mbox.txt', mode 'r' at 0x1005088b0>
```

Si la `apertura` tiene éxito, el sistema operativo nos devuelve un **manejador de fichero** (`file handle`). El manejador de fichero no son los datos que contiene en realidad el archivo, sino que se trata de un "manejador" (`handle`) que se puede utilizar para leer esos datos. Sólo obtendrás el manejador si el fichero especificado existe y además dispones de los permisos apropiados para poder leerlo.

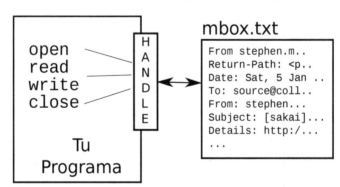

Si el fichero no existe, `open` fallará con un traceback, y no obtendrás ningún manejador para poder acceder a su contenido:

```
>>> manf = open('cosas.txt')
Traceback (most recent call last):
  File "<stdin>", line 1, in <module>
IOError: [Errno 2] No such file or directory: 'cosas.txt'
```

Más adelante usaremos `try` y `except` para controlar con más elegancia la situación cuando intentemos abrir un archivo que no existe.

7.3. Ficheros de texto y líneas

Un fichero de texto puede ser considerado una secuencia de líneas, de igual modo que una cadena en Python puede ser considerada una secuencia de caracteres. Por ejemplo, ésta es una muestra de un fichero dc texto que guarda la actividad de correos de varias personas en el equipo de desarrollo de un proyecto de código abierto:

```
From stephen.marquard@uct.ac.za Sat Jan  5 09:14:16 2008
Return-Path: <postmaster@collab.sakaiproject.org>
Date: Sat, 5 Jan 2008 09:12:18 -0500
To: source@collab.sakaiproject.org
From: stephen.marquard@uct.ac.za
Subject: [sakai] svn commit: r39772 - content/branches/
Details: http://source.sakaiproject.org/viewsvn/?view=rev&rev=39772
...
```

El fichero completo de interacciones de correo está disponible en `www.py4inf.com/code/mbox.txt` y una versión más reducida se puede encontrar en `www.py4inf.com/code/mbox-short.txt`. Estos ficheros tienen un formato estándar, diseñado para archivos que contienen múltiples mensajes de correo. Las líneas que comienzan con "From " separan los mensajes, y las líneas que comienzan con "From:" son parte de los mensajes. Para tener más información sobre el formato mbox, consulta `en.wikipedia.org/wiki/Mbox`.

Para dividir el archivo en líneas, existe un carácter especial que representa el "final de línea", llamado **salto de línea** (`newline`).

En Python, el carácter **salto de línea** se representa por barra invertida-n en las cadenas. A pesar de que parezcan dos caracteres, se trata en realidad de uno sólo. Cuando revisamos la variable introduciendo "cosa" en el intérprete, nos mostrará el `\n` en la cadena, pero cuando usemos `print` para mostrar la cadena, veremos cómo ésta aparece dividida en dos líneas por el carácter de salto de línea.

```
>>> cosa = '¡Hola\nMundo!'
>>> cosa
'¡Hola\nMundo!'
>>> print cosa
¡Hola
Mundo!
>>> cosa = 'X\nY'
>>> print cosa
X
Y
>>> len(cosa)
3
```

También puedes observar que la longitud de la cadena `'X\nY'` es de *tres* caracteres, porque el carácter de salto de línea se cuenta como uno sólo.

Por tanto, cuando miremos a las líneas de un fichero, tendremos que *imaginarnos* que existe un carácter especial invisible llamado salto de línea al final de cada línea, que marca donde termina la misma y comienza la siguiente.

De modo que el carácter de salto de línea separa los caracteres del fichero en líneas.

7.4.   Lectura de ficheros

A pesar de que el **manejador de fichero** no contiene los datos del archivo, es bastante fácil construir un bucle `for` para ir leyendo y contabilizando cada una de las líneas de un fichero:

```
manf = open('mbox.txt')
contador = 0
for linea in manf:
    contador = contador + 1
print 'Líneas contabilizadas:', contador

python open.py
Line Count: 132045
```

Podemos usar el manejador del fichero como una secuencia en nuestro bucle `for`. El bucle `for` simplemente cuenta el número de líneas del fichero y lo muestra en pantalla. La traducción aproximada de ese bucle al español es: "para cada línea del fichero representado por el manejador, añade una unidad a la variable `contador`".

La razón de que la función `open` no lea el archivo completo es que el fichero puede ser bastante extenso, con muchos gigabytes de datos. La sentencia `open` emplea la misma cantidad de tiempo independientemente del tamaño del archivo. En realidad es el bucle `for` el que hace que los datos sean leídos desde el fichero.

Cuando el archivo se lee de este modo, usando un bucle `for`, Python se encarga de dividir los datos del fichero en líneas independientes, usando el carácter de salto de línea. Python lee cada línea hasta el salto de línea e incluye el propio salto de línea como último carácter en la variable `linea` para cada iteración del bucle `for`.

Como el bucle `for` lee los datos línea a línea, puede leer y contar las líneas de forma eficiente en ficheros muy extensos sin agotar la memoria de almacenamiento de datos. El programa anterior puede contar las líneas de ficheros de cualquier tamaño usando muy poca memoria, ya que cada línea es leída, contabilizada y luego descartada.

Si sabes que el fichero es relativamente pequeño comparado con el tamaño de tu memoria principal, puedes leer el fichero completo en una cadena usando el método `read` sobre el manejador del fichero.

```
>>> manf = open('mbox-short.txt')
>>> ent = manf.read()
>>> print len(ent)
94626
>>> print ent[:20]
From stephen.marquar
```

En este ejemplo, el contenido completo (los 94.626 caracteres) del fichero
mbox-short.txt se leen directamente dentro de la variable ent. Usamos luego rebanado de cadenas para imprimir en pantalla los primeros 20 caracteres de la
cadena de datos almacenada en ent.

Cuando el archivo se lee de esta manera, todos los caracteres incluyendo las líneas
completas y los saltos de línea forman parte de una gran cadena que se guarda
en la variable **ent**. Recuerda que esta forma de uso de la función open sólo debe
utilizarse si el fichero de datos cabe holgadamente en la memoria principal de tu
equipo.

Si el fichero es demasiado grande para caber en la memoria principal, deberías
hacer que tu programa leyera el archivo en bloques, usando un bucle for o while.

7.5.   Búsqueda dentro de un fichero

Cuando se buscan datos dentro de un fichero, un diseño muy común consiste en
ir leyendo el archivo completo, ignorando la mayoría de las líneas y procesando
únicamente aquellas que cumplen alguna condición particular. Es posible combinar ese diseño de lectura de ficheros con los métodos de cadena para construir un
mecanismo simple de búsqueda.

Por ejemplo, si queremos leer un fichero y mostrar unicamente las líneas que comienzan con el prefijo "From:", podemos usar el método de cadena **startwith** para
seleccionar solamente aquellas líneas con el prefijo deseado:

```
manf = open('mbox-short.txt')
for linea in manf:
    if linea.startswith('From:') :
        print linea
```

Cuando se hace funcionar el programa, obtenemos la siguiente salida:

```
From: stephen.marquard@uct.ac.za

From: louis@media.berkeley.edu

From: zqian@umich.edu

From: rjlowe@iupui.edu
...
```

La salida parece ser correcta, ya que las únicas líneas que vemos son aquellas que
comienzan por "From:". Pero, ¿por qué estamos viendo líneas extra vacías? Esto
se debe al carácter invisible de **salto de línea**. Cada una de las líneas termina con
un salto de línea, de modo que la sentencia print imprime la cadena que está en
la variable **linea** y que incluye un salto de línea, y a continuación print añade
otro salto de línea, cuyo resultado es el efecto de doble espaciado que podemos
ver.

Podríamos usar rebanado de líneas para imprimir todo menos el último carácter, pero un enfoque más sencillo consiste en usar el método **rstrip**, que retira los espacios en blanco de la parte derecha de una cadena, como se muestra a continuación:

```
manf = open('mbox-short.txt')
for linea in manf:
    linea = linea.rstrip()
    if linea.startswith('From:') :
        print linea
```

Cuando hacemos funcionar el programa, obtenemos la siguiente salida:

```
From: stephen.marquard@uct.ac.za
From: louis@media.berkeley.edu
From: zqian@umich.edu
From: rjlowe@iupui.edu
From: zqian@umich.edu
From: rjlowe@iupui.edu
From: cwen@iupui.edu
...
```

A medida que los programas de procesado de archivos se van volviendo más complejos, tal vez prefieras estructurar los bucles de búsqueda usando `continue`. La idea básica del bucle de búsqueda es que estamos localizando líneas "interesantes", en realidad saltándonos aquellas que "no nos interesan". Y a continuación, cuando encontramos una línea interesante, hacemos algo con ella.

Podemos estructurar el bucle para usar ese diseño y saltar las líneas que no nos interesan, de este modo:

```
manf = open('mbox-short.txt')
for linea in manf:
    linea = linea.rstrip()
    # Saltar 'líneas que no nos interesan'
    if not linea.startswith('From:') :
        continue
    # Procesar nuestra línea 'interesante'
    print linea
```

La salida del programa es la misma. Traduciendo, las líneas que no nos interesan son aquellas que no comienzan por "From:", de modo que las saltamos usando `continue`. En cambio las líneas "interesantes" (es decir, aquellas que comienzan por "From:"), procedemos a procesarlas.

Podemos usar el método `find` para simular una búsqueda como la de un editor que texto, que localice aquellas líneas que contengan la cadena buscada en cualquier punto de las mismas. Dado que `find` comprueba la aparición de una cadena dentro de otra y devuelve la posición de la cadena o -1 si no la ha encontrado, podemos escribir el bucle siguiente para mostrar aquellas líneas que contienen la cadena "@uct.ac.za" (es decir, las que proceden de la Universidad de Cape Town en Sudáfrica):

```
manf = open('mbox-short.txt')
for linea in manf:
    linea = linea.rstrip()
    if linea.find('@uct.ac.za') == -1 :
        continue
    print linea
```

Que produce la salida siguiente:

```
From stephen.marquard@uct.ac.za Sat Jan  5 09:14:16 2008
X-Authentication-Warning: set sender to stephen.marquard@uct.ac.za using -f
From: stephen.marquard@uct.ac.za
Author: stephen.marquard@uct.ac.za
From david.horwitz@uct.ac.za Fri Jan  4 07:02:32 2008
X-Authentication-Warning: set sender to david.horwitz@uct.ac.za using -f
From: david.horwitz@uct.ac.za
Author: david.horwitz@uct.ac.za
...
```

7.6. Permitiendo al usuario elegir el nombre del fichero

Lo más probable es que no nos apetezca editar nuestro código Python cada vez que queramos procesar un archivo diferente. Sería más útil pedir al usuario que introdujera una cadena con el nombre del fichero cada vez que el programa funcione, de modo que se pueda usar nuestro programa sobre ficheros diferentes sin tener que cambiar el código Python.

Esto es bastante sencillo de hacer, pidiendo el nombre del fichero al usuario mediante el uso de `raw_input`, como se muestra a continuación:

```
nombref = raw_input('Introduzca el nombre del fichero: ')
manf = open(nombref)
contador = 0
for linea in manf:
    if linea.startswith('Subject:') :
        contador = contador + 1
print 'Hay', contador, 'líneas subject en', nombref
```

Pedimos el nombre del fichero al usuario, lo guardamos en una variable llamada `nombref` y abrimos ese fichero. Ahora ya podemos hacer funcionar el programa repetidamente con distintos ficheros.

```
python search6.py
Introduzca el nombre del fichero: mbox.txt
Hay 1797 líneas subject en mbox.txt

python search6.py
Introduzca el nombre del fichero: mbox-short.txt
Hay 27 líneas subject en mbox-short.txt
```

Antes de asomarte a la siguiente sección, échale un vistazo al programa anterior y pregúntate a ti mismo: "¿Qué podría salir mal aquí?", o "¿Qué podría hacer nuestro simpático usuario que provoque que nuestro bonito programita termine sin gracia, con un tracebak, haciéndonos parecer menos geniales ante los usuarios?

7.7.   Uso de `try`, `except`, y `open`

Te avisé que no te asomases. Esta es tu última oportunidad.

¿Qué ocurre si nuestro usuario escribe algo que no es un nombre de fichero?

```
python search6.py
Introduzca el nombre del fichero: perdido.txt
Traceback (most recent call last):
  File "search6.py", line 2, in <module>
    manf = open(nombref)
IOError: [Errno 2] No such file or directory: 'perdido.txt'

python search6.py
Introduzca el nombre del fichero: na na boo boo
Traceback (most recent call last):
  File "search6.py", line 2, in <module>
    manf = open(nombref)
IOError: [Errno 2] No such file or directory: 'na na boo boo'
```

No te rías, los usuarios harán de vez en cuando todo lo que puedan por estropear tus programas—ya sea a propósito o con malas intenciones. De hecho, una parte importante de cualquier equipo de desarrollo de software es una persona o grupo llamado **Controlador de Calidad** (o QA por sus siglas en inglés), cuyo trabajo principal es hacer las cosas más disparatadas posibles para intentar hacer fallar el software que el programador ha creado.

El equipo de QA es el responsable de encontrar los defectos en los programas antes de que éstos se entreguen a los usuarios finales, que pueden estar comprando el software o pagando su salario a los que escriben el software. De modo que el equipo QA es el mejor amigo del programador.

Así que ahora que hemos visto el defecto en el programa, podemos solucionarlo de forma elegante usando la estructura `try`/`except`. Debemos asumir que la llamada a `open` puede fallar y añadir código de recuperación para ese fallo, como se muestra a continuación:

```
nombref = raw_input('Introduzca el nombre del fichero: ')
try:
    manf = open(nombref)
except:
    print 'No se pudo abrir el fichero:', nombref
    exit()

contador = 0
for linea in manf:
    if linea.startswith('Subject:') :
        contador = contador + 1
print 'Hay', contador, 'líneas subject en', nombref
```

La función `exit` hace finalizar el programa. Se trata de una función que llamamos sin retorno. Ahora cuando el usuario (o el equipo de QA) escriba tonterías o nombres de archivo incorrectos, los "capturaremos" y recuperaremos el control del programa con elegancia:

```
python search7.py
Introduzca el nombre del fichero: mbox.txt
Hay 1797 líneas subject en mbox.txt

python search7.py
Introduzca el nombre del fichero: na na boo boo
No se pudo abrir el fichero: na na boo boo
```

La protección de la llamada a `open` es un buen ejemplo del uso correcto de `try` y `except` en un programa Python. Se utiliza el término "Pythónico" cuando estamos haciendo algo al "modo Python". Podríamos decir que el ejemplo de arriba es el modo Pythónico de abrir un archivo.

Una vez que adquieras más soltura en Python, puedes intercambiar opiniones con otros programadores de Python para decidir cual de dos soluciones equivalentes para un problema resulta "más Pythónica". La ambición de ser "más Pythónico" capta la idea de que programar es en parte ingeniería y en parte arte. No siempre estamos interesados únicamente en hacer que algo funcione sin más, también queremos que nuestra solución sea elegante y que sea apreciada por su elegancia por nuestros colegas.

7.8.   Escritura en ficheros

Para escribir en un fichero, debes abrirlo usando el modo `'w'` (de `write`) como segundo parámetro:

```
>>> fsal = open('salida.txt', 'w')
>>> print fsal
<open file 'salida.txt', mode 'w' at 0xb7eb2410>
```

Si el fichero ya existe, abrirlo en modo escritura eliminará los datos antiguos y lo dejará completamente vacío, ¡así que ten cuidado! Si el fichero no existe, se creará nuevo.

El método `write` del objeto manejador del fichero pone datos dentro del archivo.

```
>>> linea1 = "Aquí está el zarzo,\n"
>>> fsal.write(linea1)
```

El objeto fichero también realiza el seguimiento de la posición dentro del fichero, de modo que si se llama a `write` otra vez, añadirá los datos nuevos al final del archivo.

Deberemos asegurarnos de gestionar los finales de las líneas mientras escribimos en el fichero, insertando explícitamente el carácter de salto cuando queramos terminar una línea. La sentencia `print` añade un salto de línea automáticamente, pero el método `write` no lo hace a menos que se lo especifiquemos.

```
>>> linea2 = 'el símbolo de nuestra tierra.\n'
>>> fsal.write(linea2)
```

Cuando hayas terminado de escribir, debes cerrar el fichero para asegurarte de que hasta el último bit de datos se escriba físicamente en el disco, de modo que no se pierda si la corriente se interrumpe.

```
>>> fsal.close()
```

También se pueden cerrar los ficheros que se han abierto en modo lectura, pero no es necesario que seamos muy estrictos con ello si solamente estamos abriendo unos pocos archivos, ya que Python se asegura de que todos los ficheros queden cerrados cuando el programa termina. En cambio, en el caso de que estemos escribiendo ficheros, deberemos cerrarlos explícitamente para no dejar nada al azar.

7.9.   Depuración

Cuando estés leyendo y escribiendo archivos, puedes tener problemas con los espacios en blanco. Estos errores pueden ser difíciles de depurar porque los espacios, tabulaciones y saltos de línea normalmente son invisibles:

```
>>> s = '1 2\t 3\n 4'
>>> print s
1 2  3
 4
```

La función interna `repr` puede ayudarnos. Toma cualquier objeto como argumento y devuelve una representación de cadena del objeto. En el caso de las cadenas, representa los caracteres en blanco con secuencias de barras invertidas:

```
>>> print repr(s)
'1 2\t 3\n 4'
```

Esto puede resultarnos útil a la hora de depurar.

Otro problema que puedes tener se debe a que los distintos sistemas utilizan caracteres diferentes para indicar el final de una línea. Algunos sistemas usan un salto de línea, representado por \n. Otros usan un carácter de retorno, representado por \r. Otros usan ambos. Si trasladas ficheros entre sistemas diferentes, esas inconsistencias pueden causar problemas.

En la mayoría de los sistemas, existen aplicaciones para convertir de un formato a otro. Puedes encontrarlos (y leer más acerca de este problema) en `wikipedia.org/wiki/Newline`. O, por supuesto, puedes escribir tu propio programa.

7.10. Glosario

capturar (catch): Evitar que una excepción haga terminar un programa, usando las sentencias `try` y `except`.

Controlador de Calidad: Una persona o equipo centrada en asegurar la calidad del conjunto en un producto software. Sus siglas en inglés son QA (Quality Assurance). El QA se encarga normalmente de probar un producto e identificar sus problemas antes de que éste sea lanzado.

fichero de texto: Una secuencia de caracteres almacenados en un medio de almacenamiento permanente, como un disco duro.

Pythónico: Una técnica que funciona de forma elegante en Python. "Usar try y except y es la forma *Pythónica* de restablecer un programa en caso de intentar abrir archivos que no existen".

salto de línea: Un carácter especial que se utiliza en los archivos y cadenas para indicar el final de una línea.

7.11. Ejercicios

Ejercicio 7.1 Escribe un programa que lea un fichero e imprima en pantalla su contenido (línea a línea), todo en mayúsculas. La ejecución del programa debería ser algo similar a esto:

```
python shout.py
Introduzca el nombre del fichero: mbox-short.txt
FROM STEPHEN.MARQUARD@UCT.AC.ZA SAT JAN  5 09:14:16 2008
RETURN-PATH: <POSTMASTER@COLLAB.SAKAIPROJECT.ORG>
RECEIVED: FROM MURDER (MAIL.UMICH.EDU [141.211.14.90])
 BY FRANKENSTEIN.MAIL.UMICH.EDU (CYRUS V2.3.8) WITH LMTPA;
 SAT, 05 JAN 2008 09:14:16 -0500
```

Puedes descargar el fichero desde `www.py4inf.com/code/mbox-short.txt`

Ejercicio 7.2 Escribe un programa que pida el nombre de un fichero y después lea ese fichero, buscando líneas que tengan la forma:

```
X-DSPAM-Confidence:    0.8475
```

Cuando encuentres una línea que comience por "X-DSPAM-Confidence:", separa esa línea para extraer el número en punto flotante que figure en ella. Cuenta esas línea y calcula también el total de los valores de probabilidad de spam (spam confidence) de estas líneas. Cuando alcances el final del archivo, muestra en pantalla el valor medio de probabilidad de spam.

```
Introduzca el nombre del fichero: mbox.txt
Valor medio de probabilidad de spam: 0.894128046745

Introduzca el nombre del fichero: mbox-short.txt
Valor medio de probabilidad de spam: 0.750718518519
```

Prueba tu programa con los archivos `mbox.txt` y `mbox-short.txt`.

Ejercicio 7.3 Algunas veces, cuando los programadores se aburren o quieren divertirse un poco, añaden un inofensivo **Huevo de Pascua** (`Easter Egg`) en sus programas (`es.wikipedia.org/wiki/Huevo_de_pascua_(virtual)`). Modifica el programa que pide al usuario el nombre del fichero para que imprima un mensaje divertido cuando el usuario escriba el nombre exacto "na na boo boo". El programa debe comportarse normalmente con todos los demás ficheros, tanto los que existan como los que no. A continuación, una muestra de la ejecución del programa:

```
python egg.py
Introduzca el nombre del fichero:  mbox.txt
Hay 1797 líneas subject en mbox.txt

python egg.py
Introduzca el nombre del fichero:  missing.tyxt
No se pudo abrir el fichero: missing.tyxt

python egg.py
Introduzca el nombre del fichero: na na boo boo
NA NA BOO BOO PARA TI - ¡Te he pillado!
```

No te estamos animando a poner Huevos de Pascua en tus programa—se trata sólo de un ejercicio.

Capítulo 8

Listas

8.1. Una lista es una secuencia

Al igual que una cadena, una **lista** es una secuencia de valores. En una cadena, los valores son caracteres; en una lista, pueden ser de cualquier tipo. Los valores en las listas reciben el nombre de **elementos**, o a veces **artículos**.

Hay varios modos de crear una lista nueva; el más simple consiste en encerrar los elementos entre corchetes ([y]):

```
[10, 20, 30, 40]
['rana crujiente', 'vejiga de carnero', 'vómito de alondra']
```

El primer ejemplo es una lista de cuatro enteros. El segundo es una lista de tres cadenas. Los elementos en una lista no tienen por qué ser todos del mismo tipo. La lista siguiente contiene una cadena, un flotante, un entero y (¡ahí va!) otra lista:

```
['spam', 2.0, 5, [10, 20]]
```

Una lista dentro de otra se dice que está **anidada**.

Una lista que no contiene elementos recibe el nombre de lista vacía; se puede crear una simplemente con unos corchetes vacíos, [].

Como es lógico, puedes asignar listas de valores a variables:

```
>>> quesos = ['Cheddar', 'Edam', 'Gouda']
>>> numeros = [17, 123]
>>> vacia = []
>>> print quesos, numeros, vacia
['Cheddar', 'Edam', 'Gouda'] [17, 123] []
```

8.2. Las listas son mutables

La sintaxis para acceder a los elementos de una lista es la misma que para acceder a los caracteres de una cadena—el operador corchete. La expresión dentro de los corchetes especifica el índice. Recuerda que los índices comienzan por 0:

```
>>> print quesos[0]
Cheddar
```

A diferencia de las cadenas, las listas son mutables (pueden mutar), porque puedes cambiar el orden de los elementos o reasignar un elemento dentro de la lista. Cuando el operador corchete aparece en el lado izquierdo de una asignación, éste identifica el elemento de la lista que será asignado.

```
>>> numeros = [17, 123]
>>> numeros[1] = 5
>>> print numeros
[17, 5]
```

El elemento de `numeros` cuyo índice es uno, que antes era 123, es ahora 5.

Puedes pensar en una lista como una relación entre índices y elementos. Esta relación recibe el nombre de **mapeo o direccionamiento**; cada índice "dirige a" uno de los elementos.

Los índices de una lista funcionan del mismo modo que los índices de una cadena:

- Cualquier expresión entera puede ser utilizada como índice.

- Si se intenta leer o escribir un elemento que no existe, se obtiene un `IndexError`.

- Si un índice tiene un valor negativo, contará hacia atrás desde el final de la lista.

El operador `in` también funciona con las listas.

```
>>> quesos = ['Cheddar', 'Edam', 'Gouda']
>>> 'Edam' in quesos
True
>>> 'Brie' in quesos
False
```

8.3.   Recorrer una lista

El modo más habitual de recorrer los elementos de una lista es con un bucle `for`. La sintaxis es la misma que para las cadenas:

```
for queso in quesos:
    print queso
```

Esto funciona correctamente si sólo se necesita leer los elementos de la lista. Pero si quieres escribir o modificar los elementos, necesitarás los índices. Un modo habitual de hacerlo consiste en combinar las funciones `range` y `len`:

```
for i in range(len(numeros)):
    numeros[i] = numeros[i] * 2
```

Este bucle recorre la lista y actualiza cada elemento. len devuelve el número de elementos de la lista. range devuelve una lista de índices desde 0 hasta $n-1$, donde n es la longitud de la lista. Cada vez que atravesamos el bucle, i obtiene el índice del elemento siguiente. La sentencia de asignación en el cuerpo usa i para leer el valor antiguo del elemento y asignarle el valor nuevo.

Un bucle for aplicado a una lista vacía no ejecuta nunca el código contenido en su cuerpo:

```
for x in vacia:
    print 'Esto nunca ocurrirá.'
```

A pesar de que una lista puede contener otra, la lista anidada sólo cuenta como un único elemento. La longitud de esta lista es cuatro:

```
['spam', 1, ['Brie', 'Roquefort', 'Pol le Veq'], [1, 2, 3]]
```

8.4. Operaciones con listas

El operador + concatena listas:

```
>>> a = [1, 2, 3]
>>> b = [4, 5, 6]
>>> c = a + b
>>> print c
[1, 2, 3, 4, 5, 6]
```

De forma similar, el operador * repite una lista el número especificado de veces:

```
>>> [0] * 4
[0, 0, 0, 0]
>>> [1, 2, 3] * 3
[1, 2, 3, 1, 2, 3, 1, 2, 3]
```

El primer ejemplo repite [0] cuatro veces. El segundo, repite la lista [1, 2, 3] tres veces.

8.5. Rebanado de listas

El operador de rebanada (slice) también funciona en listas:

```
>>> t = ['a', 'b', 'c', 'd', 'e', 'f']
>>> t[1:3]
['b', 'c']
>>> t[:4]
['a', 'b', 'c', 'd']
>>> t[3:]
['d', 'e', 'f']
```

Si omites el primer índice, la rebanada comenzará al principio. Si omites el segundo, la rebanada llegará hasta el final. De modo que si omites ambos, la rebanada
será una copia de la lista completa.

```
>>> t[:]
['a', 'b', 'c', 'd', 'e', 'f']
```

Como las listas son mutables, a menudo resultará útil hacer una copia antes de
realizar operaciones que dupliquen elementos, los hagan rotar o mutilen de algún
modo esas listas.

Un operador de rebanada en la parte izquierda de una asignación puede modificar
múltiples elementos:

```
>>> t = ['a', 'b', 'c', 'd', 'e', 'f']
>>> t[1:3] = ['x', 'y']
>>> print t
['a', 'x', 'y', 'd', 'e', 'f']
```

8.6.   Métodos de listas

Python proporciona varios métodos que operan con listas. Por ejemplo, append
añade un nuevo elemento al final de una lista:

```
>>> t = ['a', 'b', 'c']
>>> t.append('d')
>>> print t
['a', 'b', 'c', 'd']
```

extend toma una lista como argumento y añade al final de la actual todos sus
elementos

```
>>> t1 = ['a', 'b', 'c']
>>> t2 = ['d', 'e']
>>> t1.extend(t2)
>>> print t1
['a', 'b', 'c', 'd', 'e']
```

En este ejemplo, t2 no se modifica.

sort ordena los elementos de una lista de menor a mayor:

```
>>> t = ['d', 'c', 'e', 'b', 'a']
>>> t.sort()
>>> print t
['a', 'b', 'c', 'd', 'e']
```

La mayoría de los métodos de lista no devuelven nada; modifican la lista y devuelven None. Si escribes por accidente t = t.sort(), seguro que te sientes defrau-
dado por el resultado.

8.7. Borrado de elementos

Hay varias formas de borrar elementos de una lista. Si conoces el índice del elemento que quieres eliminar, puedes usar `pop`:

```
>>> t = ['a', 'b', 'c']
>>> x = t.pop(1)
>>> print t
['a', 'c']
>>> print x
b
```

`pop` modifica la lista y devuelve el elemento que ha sido eliminado. Si no le proporcionas un índice, borra y devuelve el último elemento.

Si no necesitas el valor eliminado, puedes usar el operador `del`:

```
>>> t = ['a', 'b', 'c']
>>> del t[1]
>>> print t
['a', 'c']
```

Si conoces el elemento que quieres eliminar (pero no su índice), puedes usar `remove`:

```
>>> t = ['a', 'b', 'c']
>>> t.remove('b')
>>> print t
['a', 'c']
```

El valor que devuelve `remove` es `None`.

Para eliminar más de un elemento, puedes usar `del` con un índice de rebanada:

```
>>> t = ['a', 'b', 'c', 'd', 'e', 'f']
>>> del t[1:5]
>>> print t
['a', 'f']
```

Como de costumbre, el método de rebanada selecciona todos los elementos hasta (pero sin incluir) el segundo índice.

8.8. Listas y funciones

Hay varias funciones internas que pueden utilizarse en las listas y que nos permiten buscar rápidamente a través de ellas sin tener que escribir nuestros propios bucles:

```
>>> nums = [3, 41, 12, 9, 74, 15]
>>> print len(nums)
6
>>> print max(nums)
74
>>> print min(nums)
```

```
3
>>> print sum(nums)
154
>>> print sum(nums)/len(nums)
25
```

La función `sum()` solamente funciona cuando los elementos de la lista son números. Las otras funciones (`max()`, `len()`, etc.) funcionan también con listas de cadenas y otros tipos que se puedan comparar.

Podemos reescribir un programa anterior que calculaba la media de varios números introducidos por el usuario, usando ahora una lista.

Primero, el programa que calculaba la media sin usar listas:

```
total = 0
contador = 0
while ( True ) :
    ent = raw_input('Introduzca un número: ')
    if ent == 'fin' : break
    valor = float(ent)
    total = total + valor
    contador = contador + 1

media = total / contador
print 'Media:', media
```

En este programa, tenemos las variables `contador` y `total` para almacenar la cantidad y el total actual de los números del usuario según éste los va introduciendo.

Podemos simplemente guardar cada número que el usuario introduzca y usar las funciones internas para calcular la suma y la cantidad de números introducidos al final.

```
listnum = list()
while ( True ) :
    ent = raw_input('Introduzca un número: ')
    if ent == 'fin' : break
    valor = float(ent)
    listnum.append(valor)

media = sum(listnum) / len(listnum)
print 'Media:', media
```

Creamos una lista vacía antes de que el bucle comience, y luego cada vez que tenemos un número lo añadimos a la lista. Al final del programa, simplemente calculamos la suma de los números de la lista y lo dividimos por la cantidad de números, para obtener la media.

8.9. Listas y cadenas

Una cadena es una secuencia de caracteres y una lista es una secuencia de valores, pero una lista de caracteres no es lo mismo que una cadena. Para convertir desde una cadena a una lista de caracteres, se puede usar la función `list`:

```
>>> s = 'spam'
>>> t = list(s)
>>> print t
['s', 'p', 'a', 'm']
```

Debido a que `list` es el nombre de una función interna, debes evitar usarla como nombre de variable. Yo también evito utilizar la letra `l`, porque se parece mucho al número `1`. Por eso utilizo `t`.

La función `list` divide una cadena en letras individuales. Si quieres dividir una cadena en palabras, puedes usar el método `split`:

```
>>> s = 'suspirando por los fiordos'
>>> t = s.split()
>>> print t
['suspirando', 'por', 'los', 'fiordos']
>>> print t[2]
los
```

Una vez hayas usado `split` para dividir la cadena en una lista de palabras, se puede utilizar el operador índice (corchetes) para buscar una palabra concreta en la lista.

Puedes llamar a `split` con un argumento opcional llamado **delimitador**, que especifica qué caracteres se deben usar como delimitadores de palabras. El ejemplo siguiente usa un guión como delimitador:

```
>>> s = 'spam-spam-spam'
>>> delimitador = '-'
>>> s.split(delimitador)
['spam', 'spam', 'spam']
```

`join` es la inversa de `split`. Toma una lista de cadenas y concatena sus elementos. `join` es un método de cadena, de modo que debes invocarlo sobre el delimitador y pasarle la lista como un parámetro:

```
>>> t = ['suspirando', 'por', 'los', 'fiordos']
>>> delimitador = ' '
>>> delimitador.join(t)
'suspirando por los fiordos'
```

En caso de que el delimitador sea el carácter espacio, entonces `join` coloca un espacio entre las palabras. Para concatenar cadenas sin espacios, puedes usar la cadena vacía, `''`, como delimitador.

8.10. Análisis de líneas

Normalmente, cuando se está leyendo un archivo, se deseará hacer con las líneas algo más que simplemente imprimirlas completas en pantalla. A menudo se querrán encontrar las "líneas interesantes" y luego **parsear** (analizar) cada una de ellas para buscar alguna *parte* importante en su interior. ¿Qué ocurre si queremos imprimir el día de la semana de aquellas líneas que comienzan por "From "?

```
From stephen.marquard@uct.ac.za Sat Jan  5 09:14:16 2008
```

El método `split` es muy efectivo cuando nos enfrentamos con este tipo de problemas. Podemos escribir un pequeño programa que busque las líneas que comiencen por "From ", extraer las palabras de esas líneas con `split`, y luego imprimir en pantalla la tercera palabra de cada una:

```
manf = open('mbox-short.txt')
for linea in manf:
    linea = linea.rstrip()
    if not linea.startswith('From ') : continue
    palabras = linea.split()
    print palabras[2]
```

Aquí utilizamos también la forma contraída de la sentencia `if`, de modo que colocamos el `continue` en la misma línea que el `if`. Esta forma contraída del `if` opera igual que cuando el `continue` se coloca en la siguiente línea e indentado.

El programa produce la siguiente salida:

```
Sat
Fri
Fri
Fri
    ...
```

Más adelante, aprenderemos técnicas más sofisticadas para seleccionar las líneas con las que vamos a trabajar y veremos cómo extraer esas líneas para encontrar el fragmento exacto de información que estamos buscando.

8.11. Objetos y valores

Si ejecutamos estas sentencias de asignación:

```
a = 'banana'
b = 'banana'
```

sabemos que a y b se refieren ambas a una cadena, pero no sabemos si se refieren a la *misma* cadena. Hay dos estados posibles:

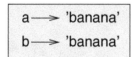 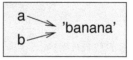

En el primer caso, a y b se refieren a dos objetos diferentes que tienen el mismo valor. En el segundo, se refieren al mismo objeto.

Para comprobar si dos variables se refieren al mismo objeto, puedes usar el operador is.

```
>>> a = 'banana'
>>> b = 'banana'
>>> a is b
True
```

En este ejemplo, Python sólo crea un objeto cadena, y tanto a como b se refieren a él.

Pero cuando creas dos listas, obtienes dos objetos:

```
>>> a = [1, 2, 3]
>>> b = [1, 2, 3]
>>> a is b
False
```

En este caso podríamos decir que las dos listas son **equivalentes**, porque tienen los mismos elementos, pero no son **idénticas**, porque no son el mismo objeto. Si dos objetos son idénticos, también son equivalentes, pero si son equivalentes, no necesariamente son idénticos.

Hasta ahora, hemos estado usando "objeto" y "valor" de forma intercambiable, pero es más preciso decir que un objeto tiene un valor. Si ejecutas a = [1, 2, 3], a se refiere a un objeto lista cuyo valor es una secuencia particular de elementos. Si otra lista tiene los mismos elementos, podemos decir que tiene el mismo valor.

8.12. Alias

Si a se refiere a un objeto y asignas b = a, entonces ambas variables se refieren al mismo objeto:

```
>>> a = [1, 2, 3]
>>> b = a
>>> b is a
True
```

La asociación de una variable con un objeto recibe el nombre de **referencia**. En este ejemplo, hay dos referencias para el mismo objeto.

Un objeto con más de una referencia tiene más de un nombre, de modo que decimos que el objeto tiene uno o varios **alias**.

Si el objeto con alias es mutable, los cambios que se hagan en uno de los alias afectarán al otro:

```
>>> b[0] = 17
>>> print a
[17, 2, 3]
```

A pesar de que este comportamiento puede resultar útil, es también propenso a errores. En general, resulta más seguro evitar usar alias cuando se está trabajando con objetos mutables.

Para objetos inmutables, como cadenas, usar alias no resulta tan problemático. En este ejemplo:

```
a = 'banana'
b = 'banana'
```

casi nunca importa si a y b se refieren a la misma cadena o no.

8.13.   Listas como argumentos

Cuando se pasa una lista a una función, la función recibe una referencia de esa lista. Si la función modifica un parámetro de la lista, el código que la ha llamado también se verá afectado por el cambio. Por ejemplo, borra_primer elimina el primer elemento de una lista:

```
def borra_primer(t):
    del t[0]
```

Y aquí vemos el modo lo hemos usado:

```
>>> letras = ['a', 'b', 'c']
>>> borra_primer(letras)
>>> print letras
['b', 'c']
```

El parámetro t y la variable letras son alias para el mismo objeto.

Resulta importante distinguir entre las operaciones que modifican listas y las operaciones que crean listas nuevas. Por ejemplo, el método append modifica una lista, pero el operador + crea una lista nueva:

```
>>> t1 = [1, 2]
>>> t2 = t1.append(3)
>>> print t1
[1, 2, 3]
>>> print t2
None

>>> t3 = t1 + [3]
>>> print t3
[1, 2, 3]
>>> t2 is t3
False
```

Esta diferencia es importante cuando se escriben funciones que se supone que modificarán listas. Por ejemplo, esta función *no* borra el primer elemento de una lista:

```
def no_borra_primer(t):
    t = t[1:]                # ¡INCORRECTO!
```

El operador de rebanada crea una lista nueva y la asignación hace que `t` se refiera a ella, pero ninguno de ellos tiene ningún efecto sobre la lista que se ha pasado como argumento.

Una alternativa consiste en escribir una función que cree y retorne una lista nueva. Por ejemplo, `cola` devuelve todos los elementos de la lista excepto el primero:

```
def cola(t):
    return t[1:]
```

Esta función deja la lista original sin modificar. Aquí está el modo como se usa:

```
>>> letras = ['a', 'b', 'c']
>>> resto = cola(letras)
>>> print resto
['b', 'c']
```

Ejercicio 8.1 Escribe una función llamada `recorta`, que tome una lista, la modifique, eliminando los elementos primero y último, y devuelva `None`.

Después escribe una función llamada `centro`, que tome una lista y devuelva otra que contenga todos los elementos de la original, menos el primero y el último.

8.14. Depuración

El uso descuidado de las listas (y otros objetos mutables) puede ocasionar largas horas de depuración. He aquí algunas trampas comunes y los modos de evitarlas:

1. No olvides que la mayoría de los métodos de las listas modifican el argumento y devuelven `None`. Esto es lo opuesto a lo que hacen los métodos de cadena, que devuelven una cadena nueva y dejan la original inalterada.

   Si estás acostumbrado a escribir código con cadenas como éste:

   ```
   palabra = palabra.strip()
   ```

   Resulta tentador escribir código con listas como éste:

   ```
   t = t.sort()            # ¡INCORRECTO!
   ```

   Como `sort` devuelve `None`, la operación siguiente que realices con `t` es probable que falle.

   Antes de usar métodos de lista y operadores, deberías leer la documentación con cuidado y luego probarlos en modo interactivo. Los métodos y operadores que comparten listas con otras secuencias (como cadenas) están documentados en `https://docs.python.org/2/library/stdtypes.html#string-methods`. Los métodos y operadores que sólo se pueden aplicar a secuencias mutables están documentados en `https://docs.python.org/2/library/stdtypes.html#mutable-sequence-types`.

2. Elige un estilo y ajústate a él.

   Parte del problema con las listas es que hay demasiados modos de hacer las cosas. Por ejemplo, para eliminar un elemento de una lista, se puede usar `pop`, `remove`, `del`, o incluso una asignación de rebanada (`slice`).

   Para añadir un elemento, se puede usar el método `append` o el operador `+`. Pero no olvides que esto es correcto:

```
t.append(x)
t = t + [x]
```

   Mientras que esto es incorrecto:

```
t.append([x])          # ¡INCORRECTO!
t = t.append(x)        # ¡INCORRECTO!
t + [x]                # ¡INCORRECTO!
t = t + x              # ¡INCORRECTO!
```

   Prueba cada uno de estos ejemplos en modo interactivo para asegurarte de que comprendes lo que hacen. Fíjate que sólo el último causa un error en tiempo de ejecución; los otros tres son correctos sintácticamente, pero hacen las cosas mal.

3. Haz copias para evitar los alias.

   Si quieres usar un método como `sort`, que modifica el argumento, pero necesitas también mantener la lista original, puedes hacer una copia.

```
orig = t[:]
t.sort()
```

   En este ejemplo, puedes usar también la función interna `sorted`, que devuelve una nueva lista ordenada, y deja la original sin modificar. Pero en ese caso, ¡recuerda no utilizar `sorted` como nombre de variable!

4. Listas, `split` y ficheros

   Cuando leemos y analizamos ficheros, hay muchas oportunidades de encontrar entradas que pueden hacer fallar nuestro programa, de modo que es una buena idea recurrir al uso del patrón **guardián** cuando estemos escribiendo programas que lean a través de un archivo y busquen "una aguja en el pajar".

   Vamos a revisar el programa anterior que buscaba el día de la semana en las líneas "from" de nuestro archivo:

```
From stephen.marquard@uct.ac.za Sat Jan  5 09:14:16 2008
```

   Dado que estamos partiendo esta línea en palabras, podemos apañarnos con el uso de `startswith` y simplemente revisar la primera palabra de la línea para determinar si estamos interesados en ella o no. Podemos usar `continue` para saltar aquellas líneas que no tengan "From" como primera palabra, como hacemos a continuación:

```
manf = open('mbox-short.txt')
for linea in manf:
    palabras = linea.split()
    if palabras[0] != 'From' : continue
    print palabras[2]
```

Esto parece mucho más sencillo y ni siquiera tenemos que usar el `rstrip` para eliminar los saltos de línea al final de cada línea. Pero, ¿es mejor hacerlo así?

```
python search8.py
Sat
Traceback (most recent call last):
  File "search8.py", line 5, in <module>
    if palabras[0] != 'From' : continue
IndexError: list index out of range
```

Parece funcionar, y podemos ver el día extraído de la primera línea (Sat), pero luego el programa falla con un error y su traceback correspondiente. ¿Qué es lo que ha ido mal? ¿Qué desastroso dato ha provocado que nuestro elegante, ingenioso, y muy Pythónico programa haya fallado?

Puedes revisarlo durante largo rato y romperte la cabeza con él, o pedir ayuda a alguien, pero el enfoque más rápido e inteligente consiste en añadir una sentencia `print`. El mejor lugar para situarla es justo antes de la línea en la que falla el programa, e imprimir el dato que parecer ser el causante del error.

Ese diseño puede generar un montón de líneas en la salida, pero al menos tendrás inmediatamente a mano alguna pista acerca del problema. De modo que imprimiremos la variable `palabras` justo antes de la línea cinco. Incluso añadiremos el prefijo "Debug:" a la línea, para que podamos mantener nuestra salida normal separada de la de depuración:

```
for linea in manf:
    palabras = linea.split()
    print 'Debug:', palabras
    if palabras[0] != 'From' : continue
    print palabras[2]
```

Cuando hacemos funcionar el programa, un montón de texto de salida desplaza la pantalla hasta arriba. Al final veremos nuestra salida de depuración y el traceback, de modo que podremos saber qué ha ocurrido justo antes de producirse el error.

```
Debug: ['X-DSPAM-Confidence:', '0.8475']
Debug: ['X-DSPAM-Probability:', '0.0000']
Debug: []
Traceback (most recent call last):
  File "search9.py", line 6, in <module>
    if palabras[0] != 'From' : continue
IndexError: list index out of range
```

Cada línea de depuración está imprimiendo la lista de palabras que obtenemos cuando `dividimos` la línea en palabras. Cuando el programa falla, la lista de palabras está vacía `[]`. Si abrimos el archivo en un editor de texto y observamos su contenido, en ese punto podremos observar lo siguiente:

```
X-DSPAM-Result: Innocent
X-DSPAM-Processed: Sat Jan  5 09:14:16 2008
X-DSPAM-Confidence: 0.8475
X-DSPAM-Probability: 0.0000

Details: http://source.sakaiproject.org/viewsvn/?view=rev&rev=39772
```

¡El error se produce cuando nuestro programa encuentra una línea en blanco! Por supuesto, hay "cero palabras" en una línea en blanco. ¿Por qué no hemos pensado en eso cuando estábamos escribiendo el código? Cuando el código busca la primera palabra (`palabras[0]`), para comprobar si coincide con "From", obtenemos un error "index out of range" (índice fuera de rango).

Por supuesto, éste es el lugar perfecto para añadir un código **guardián**, que impida revisar la primera palabra si resulta que no existe primera palabra. Hay muchos modos de proteger este código; vamos a optar por comprobar el número de palabras que tenemos antes de mirar cuál es la primera palabra:

```
manf = open('mbox-short.txt')
contador= 0
for linea in manf:
    palabras = linea.split()
    # print 'Debug:', palabras
    if len(palabras) == 0 : continue
    if palabras[0] != 'From' : continue
    print palabras[2]
```

Primero hemos comentado la sentencia print de depuración en lugar de eliminarla, para que si nuestra modificación falla podamos depurarlo de nuevo. Después, hemos añadido una sentencia guardián que comprueba si tenemos cero palabras, y si es así, usamos `continue` para saltar a la siguiente línea del archivo.

Podemos pensar en las dos sentencias `continue` como ayudas para seleccionar el conjunto de líneas que nos resultan "interesantes" y que querremos procesar un poco más. Una línea que no tiene palabras resulta "irrelevante" para nosotros, de modo que saltamos a la siguiente. Una línea que no tiene "From" como primera palabra también resulta irrelevante para nosotros, así que también la saltaremos.

El programa modificado funciona correctamente, así que tal vez sea correcto. Nuestra sentencia guardián nos asegura que `palabras[0]` no fallará nunca, pero tal vez eso no sea suficiente. Cuando estamos programando, siempre debemos estar pensando: "¿Qué podría salir mal?"

Ejercicio 8.2 Averigua qué línea del programa anterior aún no está suficientemente protegida. Intenta construir un archivo de texto que provoque que el programa falle, luego modifica el programa para que esa línea quede protegida adecuadamente, y pruébalo para asegurarte de que es capaz de manejar tu nuevo archivo de texto.

Ejercicio 8.3 Reescribe el código guardián en el ejemplo de arriba para que no use dos sentencias `if`. En su lugar, usa una expresión lógica compuesta, utilizando el operador lógico `and` en una única sentencia `if`.

8.15. Glosario

alias: Una circunstancia en la cual dos o más variables se refieren al mismo objeto.

delimitador: Un carácter o cadena usado para indicar por dónde debe ser dividida una cadena.

elemento: Uno de los valores en una lista (u otra secuencia); también reciben el nombre de artículos.

equivalentes: Que tienen el mismo valor.

idénticos: Que son el mismo objeto (lo cual implica equivalencia).

índice: Un valor entero que indica un elemento concreto dentro de una lista.

lista: Una secuencia de valores.

lista anidada: Una lista que es un elemento de otra lista.

objeto: Algo a lo que se puede referir una variable. Un objeto tiene un tipo y un valor.

recorrido de una lista: El acceso secuencial a cada elemento de una lista.

referencia: La asociación entre una variable y su valor.

8.16. Ejercicios

Ejercicio 8.4 Descarga una copia del fichero, desde `www.py4inf.com/code/` `romeo.txt`

Escribe un programa que abra el archivo `romeo.txt` y lo lea línea a línea. Para cada línea, divídela en una lista de palabras usando la función `split`.

Para cada palabra, mira a ver si esa palabra ya existe en la lista. Si no es así, añádela.

Cuando el programa finalice, ordena y muestra en pantalla las palabras resultantes, en orden alfabético.

```
Introduzca fichero: romeo.txt
['Arise', 'But', 'It', 'Juliet', 'Who', 'already',
'and', 'breaks', 'east', 'envious', 'fair', 'grief',
'is', 'kill', 'light', 'moon', 'pale', 'sick', 'soft',
'sun', 'the', 'through', 'what', 'window',
'with', 'yonder']
```

Ejercicio 8.5 Escribe un programa que lea a través de los datos de un buzón de correo, y cuando encuentre una línea que empiece por "From", la divida en palabras usando la función split. Estamos interesados en quién nos envían el mensaje, que es la segunda palabra de la línea From.

```
From stephen.marquard@uct.ac.za Sat Jan 5 09:14:16 2008
```

Debes analizar la línea From y mostrar en pantalla la segunda palabra de cada una de esas líneas, luego ir contabilizando también el número de líneas From (no From:), y mostrar el total al final.

Este es un buen ejemplo de salida con algunas líneas eliminadas:

```
python fromcount.py
Introduzca un nombre de fichero: mbox-short.txt
stephen.marquard@uct.ac.za
louis@media.berkeley.edu
zqian@umich.edu

[...parte de la salida eliminada...]

ray@media.berkeley.edu
cwen@iupui.edu
cwen@iupui.edu
cwen@iupui.edu
Hay 27 lineas en el archivo con From como primera palabra
```

Ejercicio 8.6 Reescribe el programa que pide al usuario una lista de números e imprime en pantalla el máximo y mínimo de los números introducidos al final, cuando el usuario introduce "fin". Escribe ahora el programa de modo que almacene los números que el usuario introduzca en una lista y usa las funciones max() y min() para calcular los números máximo y mínimo después de que el bucle termine.

```
Introduzca un número: 6
Introduzca un número: 2
Introduzca un número: 9
Introduzca un número: 3
Introduzca un número: 5
Introduzca un número: fin
Máximo: 9.0
Mínimo: 2.0
```

Capítulo 9

Diccionarios

Un **diccionario** es similar a una lista, pero más general. En una lista, las posiciones de los índices deben ser enteros; en un diccionario, los índices pueden ser de (casi) cualquier tipo.

Puedes pensar en un diccionario como una asignación entre un conjunto de índices (a los cuales se les llama **claves**) y un conjunto de valores. Cada clave apunta a un valor. La asociación de una clave y un valor recibe el nombre de **pareja clave-valor**, o a veces **elemento**.

Por ejemplo, hemos construido un diccionario que asocia palabras inglesas con sus equivalentes en español, de modo que tanto claves como valores son cadenas.

La función dict crea un diccionario nuevo sin elementos. Dado que dict es el nombre de una función interna, debes evitar usarla como nombre de variable.

```
>>> eng2sp = dict()
>>> print eng2sp
{}
```

Las llaves {}, representan un diccionario vacío. Para añadir elementos al diccionario, se pueden usar corchetes:

```
>>> eng2sp['one'] = 'uno'
```

Esta línea crea un elemento con la clave 'one' que apunta al valor 'uno'. Si imprimimos el diccionario de nuevo, veremos una pareja clave-valor con dos-puntos entre la clave y el valor:

```
>>> print eng2sp
{'one': 'uno'}
```

Este formato de salida es también un formato de entrada. Por ejemplo, puedes crear un nuevo diccionario con tres elementos:

```
>>> eng2sp = {'one': 'uno', 'two': 'dos', 'three': 'tres'}
```

Pero si ahora imprimes `eng2sp`, puedes llevarte una sorpresa:

```
>>> print eng2sp
{'one': 'uno', 'three': 'tres', 'two': 'dos'}
```

El orden de las parejas clave-valor no es el mismo. De hecho, si escribes el mismo ejemplo en tu PC, puedes obtener un resultado diferente. En general, el orden de los elementos en un diccionario es impredecible.

Pero eso no es un problema, porque los elementos de un diccionario nunca son indexados por índices enteros. En lugar de eso, se usan las claves para buscar los valores correspondientes:

```
>>> print eng2sp['two']
'dos'
```

La clave `'two'` siempre apunta al valor `'dos'`, de modo que el orden de los elementos no importa.

Si la clave especificada no está en el diccionario, se obtiene una excepción:

```
>>> print eng2sp['four']
KeyError: 'four'
```

La función `len` funciona en los diccionarios; devuelve el número de parejas clave-valor:

```
>>> len(eng2sp)
3
```

El operador `in` también funciona en los diccionarios; te dice si algo aparece como *clave* en el diccionario (que aparezca como valor no es suficiente).

```
>>> 'one' in eng2sp
True
>>> 'uno' in eng2sp
False
```

Para ver si algo aparece como valor en un diccionario, se puede usar el método `values`, que devuelve los valores como una lista, y después usar el operador `in` sobre esa lista:

```
>>> vals = eng2sp.values()
>>> 'uno' in vals
True
```

El operador `in` utiliza algoritmos diferentes para las listas y para los diccionarios. Para las listas, usa un algoritmo lineal de búsqueda. A medida que la lista se va haciendo más larga, el tiempo de búsqueda va aumentando en proporción directa a su longitud. Para los diccionarios, Python usa un algoritmo llamado **tabla de dispersión**, que tiene una propiedad destacada–el operador `in` emplea la misma cantidad de tiempo sin importar cuántos elementos haya en el diccionario. No explicaré por qué las funciones de dispersión son tan mágicas, pero puedes leer más acerca de ello en `es.wikipedia.org/wiki/Tabla_hash`.

Ejercicio 9.1 Escribe un programa que lea las palabras de `words.txt` y las almacene como claves en un diccionario. No importa qué valores tengan. Después puedes usar el operador `in` como un modo rápido de comprobar si una cadena está en el diccionario.

9.1. Diccionario como conjunto de contadores

Supongamos que te han dado una cadena y quieres contar cuántas veces aparece cada letra. Hay varias formas de hacerlo:

1. Podrías crear 26 variables, una para cada letra del alfabeto. Después, podrías recorrer la cadena y, para cada carácter, aumentar el contador correspondiente, probablemente usando un condicional encadenado.

2. Podrías crear una lista con 26 elementos. Luego podrías convertir cada carácter en un número (usando la función interna `ord`), usar el número como índice dentro de la lista, y aumentar el contador apropiado.

3. Podrías crear un diccionario con los caracteres como claves y contadores como sus valores correspondientes. La primera vez que veas un carácter, añadirías un elemento al diccionario. Después, aumentarías el valor del elemento ya existente.

Todas estas opciones realizan la misma operación, pero cada una de ellas implementa esa operación de un modo diferente.

Una **implementación** es un modo de realizar una operación; algunas implementaciones son mejores que otras. Por ejemplo, una ventaja de la implementación del diccionario es que no necesitamos saber de antemano qué letras aparecerán en la cadena y sólo tendremos que hacer sitio para las letras que vayan apareciendo.

Así es como podría programarse el código:

```
palabra = 'brontosaurio'
d = dict()
for c in palabra:
    if c not in d:
        d[c] = 1
    else:
        d[c] = d[c] + 1
print d
```

En realidad estamos realizando un **histograma**, que es un término estadístico para un conjunto de contadores (o frecuencias).

El bucle `for` recorre la cadena. Cada vez que entra en el bucle, si el carácter `c` no está en el diccionario, creamos un nuevo elemento con la clave `c` y el valor inicial 1 (ya que hemos encontrado esa letra una vez). Si `c` ya está en el diccionario, incrementamos `d[c]`.

Aquí está la salida del programa:

```
{'a': 1, 'b': 1, 'o': 3, 'n': 1, 's': 1, 'r': 2, 'u': 1, 't': 1, 'i': 1}
```

El histograma indica que las letras 'a' y 'b' aparecen una vez; 'o' aparece tres, y así con las demás.

Los diccionarios tienen un método llamado get que toma una clave y un valor por defecto. Si la clave aparece en el diccionario, get devuelve el valor correspondiente; si no, devuelve el valor por defecto. Por ejemplo:

```
>>> contadores = { 'chuck' : 1 , 'annie' : 42, 'jan': 100}
>>> print contadores.get('jan', 0)
100
>>> print contadores.get('tim', 0)
0
```

Podemos usar get para escribir nuestro bucle de histograma de forma más concisa. Como el método get gestiona automáticamente el caso de que la clave no esté en el diccionario, podemos reducir cuatro líneas a una sola y eliminar la sentencia if

```
palabra = 'brontosaurio'
d = dict()
for c in palabra:
    d[c] = d.get(c,0) + 1
print d
```

El uso del método get para simplificar este bucle de recuento al final resulta ser un "estilo" que se usa en Python con mucha frecuencia, y lo utilizaremos muchas veces en el resto del libro. Así que deberías pararte un momento y comparar el bucle usando la sentencia if y el operador in con el mismo bucle usando el método get. Hacen exactamente lo mismo, pero uno es más conciso.

9.2.   Diccionarios y archivos

Uno de los usos más comunes de un diccionario es contar la aparición de palabras en un archivo con texto escrito. Empecemos con un archivo muy sencillo de palabras tomados del texto de *Romeo and Juliet*.

Para el primer conjunto de ejemplos, usaremos una versión acortada y simplificada del texto, sin signos de puntuación. Más tarde trabajaremos con el texto completo de la escena, con puntuación incluida.

```
But soft what light through yonder window breaks
It is the east and Juliet is the sun
Arise fair sun and kill the envious moon
Who is already sick and pale with grief
```

Vamos a escribir un programa en Python para ir leyendo las líneas del archivo, dividir cada línea en una lista de palabras, ir recorriendo esa lista y contar el número de veces que aparece cada palabra, usando un diccionario.

Verás que tenemos dos bucles `for`. El bucle exterior va leyendo las líneas del archivo, mientras que el interior va iterando a través de cada una de las palabras de una línea concreta. Esto es un ejemplo de un diseño llamado **bucles anidados**, ya que uno de los bucles es el *exterior*, y el otro es el *interior*.

Debido a que el bucle interior ejecuta todas sus iteraciones cada vez que el bucle exterior realiza una sola, consideramos que el bucle interior va iterando "más rápido" y que el exterior lo hace más lentamente.

La combinación de los dos bucles anidados garantiza que se cuentan todas las palabras en cada línea del archivo de entrada.

```
nombref = raw_input('Introduzca el nombre del fichero: ')
try:
    manf = open(nombref)
except:
    print 'El fichero no se pudo abrir:', fname
    exit()

contadores = dict()
for linea in manf:
    palabras = linea.split()
    for palabra in palabras:
        if palabra not in contadores:
            contadores[palabra] = 1
        else:
            contadores[palabra] += 1

print contadores
```

Cuando hacemos funcionar el programa, veremos un volcado en bruto de todos los contadores sin ordenar. (el archivo `romeo.txt` está disponible en `www.py4inf.com/code/romeo.txt`)

```
python count1.py
Introduzca el nombre del fichero: romeo.txt
{'and': 3, 'envious': 1, 'already': 1, 'fair': 1,
'is': 3, 'through': 1, 'pale': 1, 'yonder': 1,
'what': 1, 'sun': 2, 'Who': 1, 'But': 1, 'moon': 1,
'window': 1, 'sick': 1, 'east': 1, 'breaks': 1,
'grief': 1, 'with': 1, 'light': 1, 'It': 1, 'Arise': 1,
'kill': 1, 'the': 3, 'soft': 1, 'Juliet': 1}
```

Resulta un poco incómodo buscar a través del diccionario para encontrar cuál es la palabra más común y su contador, de modo que necesitaremos añadir un poco más de código Phyton para obtener una salida que nos resulte más útil.

9.3. Bucles y diccionarios

Si se utiliza un diccionario como secuencia en una sentencia `for`, ésta recorrerá todas las claves del diccionario. Este bucle imprime cada clave y su valor correspondiente:

```
contadores = { 'chuck' : 1 , 'annie' : 42, 'jan': 100}
for clave in contadores:
    print clave, contadores[clave]
```

Aquí tenemos lo que muestra como salida:

```
jan 100
chuck 1
annie 42
```

Vemos de nuevo que la claves aparecen sin ningún orden en particular.

Podemos usar este diseño para poner en práctica las diversas expresiones de bucles que hemos descrito antes. Por ejemplo, si queremos encontrar todas las entradas de un diccionario que tengan un valor superior a diez, podríamos escribir el siguiente código:

```
contadores = { 'chuck' : 1 , 'annie' : 42, 'jan': 100}
for clave in contadores:
    if contadores[clave] > 10 :
        print clave, contadores[clave]
```

El bucle `for` itera a través de las *claves* del diccionario, de modo que podemos usar el operador índice para recuperar el *valor* correspondiente de cada clave. Aquí podemos ver el aspecto de la salida:

```
jan 100
annie 42
```

Sólo se muestran las entradas con un valor superior a 10.

Si se quieren imprimir las claves en orden alfabético, primero se debe crear una lista de las claves del diccionario, usando el método `keys`, que está disponible en los objetos del tipo diccionario. Luego, habrá que ordenar esa lista e irse desplazando a través de la lista ordenada, buscando cada clave e imprimiendo las parejas clave-valor en orden, como se muestra a continuación:

```
contadores = { 'chuck' : 1 , 'annie' : 42, 'jan': 100}
lst = counts.keys()
print lst
lst.sort()
for clave in lst:
    print clave, contadores[clave]
```

Aquí vemos cómo queda la salida:

```
['jan', 'chuck', 'annie']
annie 42
chuck 1
jan 100
```

Primero se muestra la lista de claves sin ordenar que obtenemos usando el método `keys`. Luego podemos ver las parejas clave-valor ya en orden, imprimidas desde el bucle `for`.

9.4. Procesado avanzado de texto

En el ejemplo anterior, al usar el fichero `romeo.txt` hemos hecho que el archivo fuera lo más sencillo posible, eliminando manualmente todos los signos de puntuación. El texto real tiene montones de esos signos, como se muestra a continuación:

```
But, soft! what light through yonder window breaks?
It is the east, and Juliet is the sun.
Arise, fair sun, and kill the envious moon,
Who is already sick and pale with grief,
```

Dado que la función de Python `split` busca espacios y trata las palabras como piezas separadas por esos espacios, trataríamos las palabras "soft!" y "soft" como *diferentes*, y se crearía una entrada diferente en el diccionario para cada una de ellas.

Además, dado que el archivo contiene palabras en mayúsculas, también se trataría a "who" y "Who" como palabras diferentes, con contadores distintos.

Podemos solventar ambos problemas usando los métodos de cadena `lower`, `punctuation`, y `translate`. `translate` es el más sutil de estos métodos. Aquí está la documentación para `translate`:

```
string.translate(s, table[, deletechars])
```

Elimina todos los caracteres de s que hay en deletechars (si existe alguno), y luego traduce los caracteres usando table, que debe ser una cadena de 256-caracteres que proporcione la traducción para cada valor de carácter, indexado por su ordinal. Si la tabla es None, entonces sólo se realizará el borrado de caracteres.

Nosotros no especificaremos el valor de `table`, pero usaremos el parámetro `deletechars` para eliminar todos los signos de puntuación. Incluso dejaremos que sea el propio Python quien nos diga la lista de caracteres que él considera "signos de puntuación":

```
>>> import string
>>> string.punctuation
'!"#$%&\'()*+,-./:;<=>?@[\\]^_`{|}~'
```

Hacemos las siguientes modificaciones a nuestro programa:

```
import string                                     # Código nuevo

nombref = raw_input('Introduzca el nombre del fichero: ')
try:
    manf = open(nombref)
except:
    print 'El fichero no se pudo abrir:', nombref
    exit()

contadores = dict()
for linea in nombref:
    linea = linea.translate(None, string.punctuation)    # Código nuevo
```

```
    linea = linea.lower()                        # Código nuevo
    palabras = linea.split()
    for palabra in palabras:
        if palabra not in palabras:
            contadores[palabra] = 1
        else:
            contadores[palabra] += 1

print contadores
```

Usamos `translate` para eliminar todos los signos de puntuación, y `lower` para forzar la línea a minúsculas. El resto del programa no se ha modificado. Para Python 2.5 y anteriores, `translate` no acepta `None` como primer parámetro, de modo que en ese caso habría que usar el siguiente código para la llamada a translate:

```
print a.translate(string.maketrans(' ',' '), string.punctuation
```

Parte del aprendizaje del "Arte de Python" o "Pensar Pythónicamente" consiste en darse cuenta de que Python a menudo tiene capacidades ya integradas para muchos problemas de análisis de datos comunes. Llegará un momento en que habrás visto suficiente código de ejemplo y leído suficiente documentación para saber dónde buscar para ver si alguien ya ha escrito anteriormente algo que pueda facilitarte el trabajo.

Lo siguiente es una versión abreviada de la salida:

```
Introduzca el nombre del fichero: romeo-full.txt
{'swearst': 1, 'all': 6, 'afeard': 1, 'leave': 2, 'these': 2,
'kinsmen': 2, 'what': 11, 'thinkst': 1, 'love': 24, 'cloak': 1,
a': 24, 'orchard': 2, 'light': 5, 'lovers': 2, 'romeo': 40,
'maiden': 1, 'whiteupturned': 1, 'juliet': 32, 'gentleman': 1,
'it': 22, 'leans': 1, 'canst': 1, 'having': 1, ...}
```

Buscar a través de esta salida resulta todavía pesado y podemos utilizar a Python para que nos dé exactamente lo que buscamos. Pero para eso, tendremos que aprender algo sobre las **tuplas** de Python. Retomaremos este ejemplo una vez que hayamos estudiado las tuplas.

9.5. Depuración

Al ir trabajando con conjuntos de datos más grandes, se irá haciendo más pesado depurar imprimiendo y comprobando los datos de forma manual. He aquí algunas sugerencias para depurar conjuntos de datos grandes:

Reduce la entrada: Si es posible, reduce el tamaño del conjunto de datos. Por ejemplo, si el programa lee un archivo de texto, comienza solamente con las primeras 10 líneas, o con el ejemplo más pequeño que puedas encontrar. Puedes editar los propios archivos, o (mejor) modificar el programa de modo que lea sólo las n primeras líneas.

Si hay un error, puedes reducir n hasta el valor más pequeño en el cual se manifieste el error, y luego irlo incrementando gradualmente hasta que encuentres y corrijas los errores.

Comprueba los resúmenes y tipos: En vez de imprimir y comprobar el conjunto de datos completo, considera imprimir resúmenes de los datos: por ejemplo, el número de elementos en un diccionario o el total de una lista de números.

Una causa habitual de errores en tiempo de ejecución es un valor que no es del tipo correcto. Para depurar este tipo de error, a menudo es suficiente con mostrar en pantalla el tipo del valor.

Escribe auto-comprobaciones: A veces puedes escribir código que compruebe los errores automáticamente. Por ejemplo, si estás calculando la media de una lista de números, puedes comprobar que el resultado no es mayor que el elemento más grande de la lista, o menor que el más pequeño. A eso se le llama "prueba de coherencia" (`sanity check`), porque detecta resultados que son "completamente ilógicos".

Otro tipo de comprobación compara los resultados de dos cálculos diferentes para ver si son consistentes. A esto se le llama una "prueba de consistencia" (`consistency check`).

Haz que la salida se muestre ordenada: Dar formato a la salida de depuración puede conseguir que resulte más fácil localizar un error.

Una vez más, el tiempo que emplees construyendo la estructura puede reducir el tiempo que emplearás luego depurando.

9.6. Glosario

bucles anidados: Cuando hay uno o más bucles "dentro" de otro bucle. El bucle interior se ejecuta completo cada vez que el exterior se ejecuta una vez.

búsqueda (lookup): Una operación en un diccionario que toma una clave y encuentra su valor correspondiente.

clave: Un objeto que aparece en un diccionario como la primera parte de una pareja clave-valor.

diccionario: Una asociación de un conjunto de claves hacia sus valores correspondientes.

elemento: Otro nombre para una pareja clave-valor.

función de dispersión (hash function): Una función usada por una tabla de dispersión para calcular la localización de una clave.

histograma: Un conjunto de contadores.

implementación: Un modo de realizar una operación.

pareja clave-valor: La representación de la asociación de una clave con un valor.

tabla de dispersión (hashtable): El algoritmo usado para implementar los diccionarios de Python.

valor: Un objeto que aparece en un diccionario como la segunda parte de una pareja clave-valor. Es más específico que el uso que hacíamos antes de la palabra "valor".

9.7. Ejercicios

Ejercicio 9.2 Escribe un programa que ordene en categorías cada mensaje de correo según el día de la semana en que fue hecho el envío. Para lograrlo, busca las líneas que comienzan por "From", luego localiza la tercera palabra y mantén un contador actualizado de cada uno de los días de la semana. Al final del programa imprime en pantalla el contenido de tu diccionario (el orden no importa).

```
Línea de ejemplo:
From stephen.marquard@uct.ac.za Sat Jan  5 09:14:16 2008

Ejemplo de Ejecución:
python dow.py
Intoduzca un nombre de fichero: mbox-short.txt
{'Fri': 20, 'Thu': 6, 'Sat': 1}
```

Ejercicio 9.3 Escribe un programa que lea a través de un registro de correo, construya un histograma usando un diccionario para contar cuántos mensajes han llegado desde cada dirección de correo, e imprima el diccionario.

```
Introduzca un nombre del fichero: mbox-short.txt
{'gopal.ramasammycook@gmail.com': 1, 'louis@media.berkeley.edu': 3,
'cwen@iupui.edu': 5, 'antranig@caret.cam.ac.uk': 1,
'rjlowe@iupui.edu': 2, 'gsilver@umich.edu': 3,
'david.horwitz@uct.ac.za': 4, 'wagnermr@iupui.edu': 1,
'zqian@umich.edu': 4, 'stephen.marquard@uct.ac.za': 2,
'ray@media.berkeley.edu': 1}
```

Ejercicio 9.4 Añade código al programa anterior para localizar quién tiene más mensajes en el fichero.

Después de que los datos hayan sido leídos y el diccionario haya sido creado, busca a través del diccionario usando un bucle máximo (mira la Section 5.7.2) para encontrar quién es el que tiene más mensajes e imprime cuántos mensajes tiene esa persona.

```
Introduzca un nombre de fichero: mbox-short.txt
cwen@iupui.edu 5
```

```
Introduzca un nombre de fichero: mbox.txt
zqian@umich.edu 195
```

Ejercicio 9.5 Este programa debe guardar el nombre de dominio desde donde se envió el mensaje en vez de quién mandó el mensaje (es decir, la dirección de correo completa). Al final del programa, imprime en pantalla el contenido de tu diccionario.

```
python schoolcount.py
Introduzca un nombre de fichero: mbox-short.txt
{'media.berkeley.edu': 4, 'uct.ac.za': 6, 'umich.edu': 7,
'gmail.com': 1, 'caret.cam.ac.uk': 1, 'iupui.edu': 8}
```

Capítulo 10

Tuplas

10.1. Las tuplas son inmutables

Una tupla[1] es una secuencia de valores muy parecida a una lista. Los valores almacenados en una tupla pueden ser de cualquier tipo, y están indexados por enteros. La diferencia más importante es que las tuplas son **inmutables**. Las tuplas además son **comparables** y **dispersables** (hashables), de modo que las listas de tuplas se pueden ordenar y también es posible usar tuplas como valores para las claves en los diccionarios de Python.

Sintácticamente, una tupla es una lista de valores separados por comas:

```
>>> t = 'a', 'b', 'c', 'd', 'e'
```

A pesar de que no es necesario, resulta corriente encerrar las tuplas entre paréntesis, lo que ayuda a identificarlas rápidamente dentro del código en Python.

```
>>> t = ('a', 'b', 'c', 'd', 'e')
```

Para crear una tupla con un único elemento, es necesario incluir una coma al final:

```
>>> t1 = ('a',)
>>> type(t1)
<type 'tuple'>
```

Sin la coma, Python trata ('a') como una expresión con una cadena dentro de un paréntesis, que evalúa como de tipo "string":

```
>>> t2 = ('a')
>>> type(t2)
<type 'str'>
```

---

[1]Anécdota: La palabra "tupla" (/tt tuple en inglés), proviene de los nombres dados a las secuencias de números de distintas longitudes: simple, doble, triple, cuádrupe, quíntuple, séxtuple, séptuple, etc.

Otro modo de construir una tupla es usar la función interna `tuple`. Sin argumentos, crea una tupla vacía:

```
>>> t = tuple()
>>> print t
()
```

Si el argumento es una secuencia (cadena, lista o tupla), el resultado de la llamada a `tuple` es una tupla con los elementos de la secuencia:

```
>>> t = tuple('altramuces')
>>> print t
('a','l', 't', 'r', 'a', 'm', 'u', 'c', 'e', 's')
```

Dado que `tuple` es el nombre de un constructor, debe evitarse el utilizarlo como nombre de variable.

La mayoría de los operadores de listas funcionan también con tuplas. El operador corchete indexa un elemento:

```
>>> t = ('a', 'b', 'c', 'd', 'e')
>>> print t[0]
'a'
```

Y el operador de rebanada (`slice`) selecciona un rango de elementos.

```
>>> print t[1:3]
('b', 'c')
```

Pero si se intenta modificar uno de los elementos de la tupla, se obtiene un error:

```
>>> t[0] = 'A'
TypeError: object doesn't support item assignment
```

No se pueden modificar los elementos de una tupla, pero se puede reemplazar una tupla con otra:

```
>>> t = ('A',) + t[1:]
>>> print t
('A', 'b', 'c', 'd', 'e')
```

10.2. Comparación de tuplas

Los operadores de comparación funcionan también con las tuplas y otras secuencias. Python comienza comparando el primer elemento de cada secuencia. Si es igual en ambas, pasa al siguiente elemento, y así sucesivamente, hasta que encuentra uno que es diferente. A partir de ese momento, los elementos siguientes ya no son tenidos en cuenta (aunque sean muy grandes).

```
>>> (0, 1, 2) < (0, 3, 4)
True
>>> (0, 1, 2000000) < (0, 3, 4)
True
```

La función `sort` funciona del mismo modo. En principio ordena por el primer elemento, pero en caso de que haya dos iguales, usa el segundo, y así sucesivamente.

Esta característica se presta al uso de un diseño llamado **DSU**, que

Decorate (Decora) una secuencia, construyendo una lista de tuplas con uno o más índices ordenados precediendo los elementos de dicha secuencia,

Sort (Ordena) la lista de tuplas usando la función interna de Python `sort`, y

Undecorate (Quita la decoración), extrayendo los elementos ordenados de la secuencia.

Por ejemplo, supón que tienes una lista de palabras y que quieres ordenarlas de más larga a más corta:

```
txt = 'Pero qué luz se deja ver allí'
palabras = txt.split()
t = list()
for palabra in palabras:
    t.append((len(palabra), palabra))

t.sort(reverse=True)

res = list()
for longitud, palabra in t:
    res.append(palabra)

print res
```

El primer bucle crea una lista de tuplas, en la que cada tupla es la palabra precedida por su longitud.

`sort` compara el primer elemento (longitud), y sólo tiene en cuenta el segundo en caso de empate. El argumento clave `reverse=True` indica a `sort` que debe ir en orden decreciente.

El segundo bucle recorre la lista de tuplas y crea una lista de palabras en orden descendente según su longitud. Las palabras con cuatro caracteres, por ejemplo, son ordenadas en orden alfabético *inverso*, de modo que "deja" aparece antes que "allí" en esa lista.

La salida del programa es la siguiente:

```
['deja', 'allí', 'Pero', 'ver', 'qué', 'luz', 'se']
```

Por supuesto, la línea pierde mucho de su impacto poético cuando la convertimos en una lista de Python y la ordenamos en orden descendente según la longitud de sus palabras.

10.3.   Asignación de tuplas

Una de las características sintácticas del lenguaje Python que resulta única es la capacidad de tener una tupla en el lado izquierdo de una sentencia de asignación. Esto permite asignar varias variables el mismo tiempo cuando tenemos una secuencia en el lado izquierdo.

En este ejemplo tenemos una lista de dos elementos (por lo que se trata de una secuencia), y asignamos los elementos primero y segundo de la secuencia a las variables x e y en una única sentencia.

```
>>> m = [ 'pásalo', 'bien' ]
>>> x, y = m
>>> x
'pásalo'
>>> y
'bien'
>>>
```

No es magia, Python traduce *aproximadamente* la sintaxis de asignación de la tupla de este modo:[2]

```
>>> m = [ 'pásalo', 'bien' ]
>>> x = m[0]
>>> y = m[1]
>>> x
'pásalo'
>>> y
'bien'
>>>
```

Estilísticamente, cuando usamos una tupla en el lado izquierdo de la sentencia de asignación, omitimos los paréntesis. Pero lo que se muestra a continuación es una sintaxis igualmente válida:

```
>>> m = [ 'pásalo', 'bien' ]
>>> (x, y) = m
>>> x
'pásalo'
>>> y
'bien'
>>>
```

Una aplicación especialmente ingeniosa de asignación usando una tupla nos permite **intercambiar** los valores de dos variables en una única sentencia:

```
>>> a, b = b, a
```

Ambos lados de esta sentencia son tuplas, pero el lado izquierdo es una tupla de variables; el lado derecho es una tupla de expresiones. Cada valor en el lado derecho es asignado a su respectiva variable en el lado izquierdo. Todas las expresiones en el lado derecho son evaluadas antes de realizar ninguna asignación.

---

[2]Python no convierte la sintaxis de forma literal. Por ejemplo, si intentas esto con un diccionario, no funcionará exactamente como podrías esperar.

La cantidad de variables en el lado izquierdo y la cantidad de valores en el derecho debe ser la misma:

```
>>> a, b = 1, 2, 3
ValueError: too many values to unpack
```

Generalizando más, el lado derecho puede ser cualquier tipo de secuencia (cadena, lista o tupla). Por ejemplo, para dividir una dirección de e-mail en nombre de usuario y dominio, podrías escribir:

```
>>> dir = 'monty@python.org'
>>> nombreus, dominio = dir.split('@')
```

El valor de retorno de `split` es una lista con dos elementos; el primer elemento es asignado a `nombreus`, el segundo a `dominio`.

```
>>> print nombreus
monty
>>> print dominio
python.org
```

10.4. Diccionarios y tuplas

Los diccionarios tienen un método llamado `items` que devuelve una lista de tuplas, cada una de las cuales es una pareja clave-valor [3].

```
>>> d = {'a':10, 'b':1, 'c':22}
>>> t = d.items()
>>> print t
[('a', 10), ('c', 22), ('b', 1)]
```

Como sería de esperar en un diccionario, los elementos no tienen ningún orden en particular.

Sin embargo, dado que la lista de tuplas es una lista, y las tuplas son comparables, ahora podemos ordenar la lista de tuplas. Convertir un diccionario en una lista de tuplas es un método para obtener el contenido de un diccionario ordenado según sus claves:

```
>>> d = {'a':10, 'b':1, 'c':22}
>>> t = d.items()
>>> t
[('a', 10), ('c', 22), ('b', 1)]
>>> t.sort()
>>> t
[('a', 10), ('b', 1), ('c', 22)]
```

La nueva lista está ordenada alfabéticamente en orden ascendente según el valor de sus claves.

---

[3]Este comportamiento es ligeramente diferente en Python 3.0.

10.5.   Asignación múltiple con diccionarios

La combinación de `items`, asignación en tupla y `for`, consigue un bonito diseño de código para recorrer las claves y valores de un diccionario en un único bucle:

```
for clave, valor in d.items():
    print valor, clave
```

Este bucle tiene dos **variables de iteración**, ya que `items` devuelve una lista de tuplas y `clave`, `valor` es una asignación en tupla, que itera sucesivamente a través de cada una de las parejas clave-valor del diccionario.

Para cada iteración a través del bucle, tanto `clave` como `valor` van pasando a la siguiente pareja clave-valor del diccionario (todavía en orden de dispersión).

La salida de este bucle es:

```
10 a
22 c
1 b
```

Otra vez obtenemos un orden de dispersión (es decir, ningún orden concreto).

Si combinamos estas dos técnicas, podemos imprimir el contenido de un diccionario ordenado por el *valor* almacenado en cada pareja clave-valor.

Para conseguirlo, primero creamos una lista de tuplas, donde cada tupla es (valor, clave). El método `items` nos dará una lista de tuplas (clave, valor)—pero esta vez queremos ordenar por valor, no por clave. Una vez que hayamos construido la lista con las tuplas clave-valor, resulta sencillo ordenar la lista en orden inverso e imprimir la nueva lista ordenada.

```
>>> d = {'a':10, 'b':1, 'c':22}
>>> l = list()
>>> for clave, valor in d.items() :
...     l.append( (valor, clave) )
...
>>> l
[(10, 'a'), (22, 'c'), (1, 'b')]
>>> l.sort(reverse=True)
>>> l
[(22, 'c'), (10, 'a'), (1, 'b')]
>>>
```

Al construir la lista de tuplas, hay que tener la precaución de colocar el valor como primer elemento de cada tupla, de modo que luego podamos ordenar la lista de tuplas y así obtener el contenido de nuestro diccionario ordenado por valor.

10.6.   Las palabras más comunes

Volviendo a nuestro ejemplo anterior del texto de *Romeo and Juliet* Acto 2, Escena 2, podemos mejorar nuestro programa para hacer uso de esta técnica e imprimir las diez palabras más comunes en el texto, como vemos a continuación:

```
import string
manf = open('romeo-full.txt')
contadores = dict()
for linea in manf:
    linea = linea.translate(None, string.punctuation)
    linea = linea.lower()
    palabras = linea.split()
    for palabra in palabras:
        if palabra not in contadores:
            contadores[palabra] = 1
        else:
            contadores[palabra] += 1

# Ordenar el diccionario por valor
lst = list()
for clave, valor in contadores.items():
    lst.append( (valor, clave) )

lst.sort(reverse=True)

for clave, valor in lst[:10] :
    print clave, valor
```

La primera parte del programa, que lee el archivo y construye un diccionario que mapea cada palabra con las veces que se repite esa palabra en el documento, no ha cambiado. Pero en lugar de imprimir simplemente en pantalla `contadores` y terminar el programa, ahora construimos una lista de tuplas (`valor`, `clave`) y luego ordenamos la lista en orden inverso.

Dado que el valor va primero, se utilizará para las comparaciones. Si hay más de una tupla con el mismo valor, se tendrá en cuenta el segundo elemento (la clave), de modo que las tuplas cuyo valor sea el mismo serán además ordenadas alfabéticamente según su clave.

Al final escribimos un bonito bucle `for` que hace una iteración con asignación múltiple e imprime en pantalla las diez palabras más comunes, iterando a través de una rebanada de la lista (`lst[:10]`).

De modo que la salida al final tiene el aspecto que queríamos para nuestro análisis de frecuencia de palabras.

```
61 i
42 and
40 romeo
34 to
34 the
32 thou
32 juliet
30 that
29 my
24 thee
```

El hecho de que este complejo análisis y procesado de datos pueda ser realizado con un programa Python de 19 líneas sencillo de entender, es una de las razones por las que Python es una buena elección como lenguaje para explorar información.

10.7. Uso de tuplas como claves en diccionarios

Dado que las tuplas son **dispersables** (hashables) y las listas no, si queremos crear una clave **compuesta** para usar en un diccionario, deberemos usar una tupla como clave.

Usaríamos por ejemplo una clave compuesta si quisiésemos crear un directorio telefónico que mapease parejas apellido, nombre con números de teléfono. Asumiendo que hemos definido las variables apellido, nombre, y numero, podríamos escribir una sentencia de asignación de diccionario como la siguiente:

```
directorio[apellido,nombre] = numero
```

La expresión dentro de los corchetes es una tupla. Podríamos usar asignaciones mediante tuplas en un bucle for para recorrer este diccionario.

```
for apellido, nombre in directorio:
    print nombre, apellido, directorio[apellido, nombre]
```

Este bucle recorre las claves de directorio, que son tuplas. Asigna los elementos de cada tupla a apellido y nombre, luego imprime el nombre, apellido y número de teléfono correspondiente.

10.8. Secuencias: cadenas, listas, y tuplas—¡Dios mío!

Me he centrado en las listas y tuplas, pero casi todos los ejemplos de este capítulo funcionan también en listas de listas, tuplas de tuplas y tuplas de listas. Para evitar enumerar todas las combinaciones posibles, a veces resulta más sencillo hablar de secuencias de secuencias.

En muchos contextos, los diferentes tipos de secuencias (cadenas, listas, y tuplas) pueden intercambiarse. De modo que, ¿cuándo y por qué elegir uno u otro?

Para comenzar con lo más obvio, las cadenas están más limitadas que las demás secuencias, porque los elementos deben ser caracteres. También son inmutables. Si necesitas la capacidad de cambiar los caracteres en una cadena (en vez de crear una nueva), puede que lo más adecuado sea elegir una lista de caracteres.

Las listas se usan con más frecuencia que las tuplas, principalmente porque son mutables. Pero hay algunos casos donde es posible que prefieras usar las tuplas:

1. En algunos contextos, como una sentencia return, resulta sintácticamente más simple crear una tupla que una lista. En otros contextos, es posible que prefieras una lista.

2. Si quieres usar una secuencia como una clave en un diccionario, debes usar un tipo inmutable como una tupla o una cadena.

3. Si estás pasando una secuencia como argumento de una función, el uso de tuplas reduce los comportamientos potencialmente indeseados debido a la creación de alias.

Dado que las tuplas son inmutables, no proporcionan métodos como `sort` y `reverse`, que modifican listas ya existentes. Sin embargo, Python proporciona las funciones integradas `sorted` y `reversed`, que toman una secuencia como parámetro y devuelven una secuencia nueva con los mismos elementos en un orden diferente.

10.9.   Depuración

Las listas, diccionarios y tuplas son conocidas de forma genérica como **estructuras de datos**; en este capítulo estamos comenzando a ver estructuras de datos compuestas, como listas o tuplas, y diccionarios que contienen tuplas como claves y listas como valores. Las estructuras de datos compuestas son útiles, pero también resultan propensas a lo que yo llamo **errores de modelado**; es decir, errores causados cuando una estructura de datos tiene el tipo, tamaño o composición incorrecto, o tal vez al escribir una parte del código se nos olvidó cómo era el modelado de los datos y se introdujo un error.

Por ejemplo, si estás esperando una lista con un entero y te paso simplemente un entero sin más (no en una lista), no funcionará.

Cuando estés depurando un programa, y especialmente si estás trabajando en un fallo complicado, hay cuatro cosas que puedes probar:

lectura: Examina tu código, léelo para ti, y comprueba si en realidad dice lo que querías que dijera.

ejecución: Experimenta haciendo cambios y ejecutando versiones diferentes. A menudo, si muestras las cosas correctas en los lugares adecuados del programa el problema se convierte en obvio, pero otras veces tendrás que invertir algún tiempo construyendo ciertas estructuras.

rumiado: ¡Tómate tu tiempo para reflexionar! ¿De qué tipo de error se trata: sintáctico, de ejecución, semántico? ¿Qué información puedes obtener de los mensajes de error, o de la salida del programa? ¿Qué tipo de error podría causar el problema que estás viendo? ¿Qué fue lo último que cambiaste, antes de que el problema apareciera?

retirada: En algunos casos, lo mejor que se puede hacer es dar marcha atrás, deshaciendo los últimos cambios, hasta llegar a un punto en que el programa funcione y tú seas capaz de entenderlo. A partir de ahí, puedes comenzar a reconstruirlo.

Los programadores novatos a veces se quedan atascados en una de estas actividades y olvidan las otras. Cada actividad cuenta con su propio tipo de fracaso.

Por ejemplo, leer tu código puede ayudarte si el problema es un error tipográfico, pero no si se trata de un concepto erróneo. Si no comprendes qué es lo que hace el programa, puedes leerlo 100 veces y nunca encontrarás el error, porque el error está en tu cabeza.

Hacer experimentos puede ayudar, especialmente si estás ejecutando pruebas pequeñas y sencillas. Pero si ejecutas experimentos sin pararte a pensar o leer tu código, puedes caer en el modelo que yo llamo "sistema de programación al azar", que es el proceso de hacer cambios aleatorios hasta que el programa hace lo que tiene que hacer. No es necesario decir que este tipo de programación puede llevar mucho tiempo.

Debes de tomarte tu tiempo para reflexionar. La depuración es como una ciencia experimental. Debes tener al menos una hipótesis acerca de dónde está el problema. Si hay dos o más posibilidades, intenta pensar en una prueba que elimine una de ellas.

Tomarse un respiro ayuda a pensar. También hablar. Si explicas el problema a alguien más (o incluso a ti mismo), a veces encontrarás la respuesta antes de haber terminado de hacer la pregunta.

Pero incluso las mejores técnicas de depurado pueden fallar si hay demasiados errores, o si el código que se está intentando arreglar es demasiado grande y complicado. A veces la mejor opción es retirarse y simplificar el programa hasta tener algo que funcione y que se sea capaz de entender.

Los programadores novatos a menudo se muestran reacios a volver atrás, no pueden tolerar la idea de borrar ni una línea de código (incluso si está mal). Si eso te hace sentirte mejor, puedes copiar tu programa en otro archivo antes de empezar a eliminar cosas. Luego podrás volver a pegar los trozos poco a poco.

Encontrar un fallo difícil requiere leer, ejecutar, rumiar, y a veces, retirarse. Si te quedas atascado en una de estas actividades, intenta pasar a cualquiera de las otras.

10.10.   Glosario

asignación en tupla: Una asignación con una secuencia en el lado derecho y una tupla de variables en el izquierdo. Primero se evalúa el lado derecho y luego sus elementos son asignados a las variables de la izquierda.

comparable: Un tipo en el cual un valor puede ser contrastado para ver si es mayor que, menor que, o igual que otro valor del mismo tipo. Los tipos que son comparables pueden ser puestos en una lista y ordenados.

estructura de datos: Una colección de valores relacionados, a menudo organizados en listas, diccionarios, tuplas, etc.

DSU: Abreviatura de "decorate-sort-undecorate (decorar-ordenar-quitar la decoración)", un diseño que implica construir una lista de tuplas, ordenar, y extraer parte del resultado.

hashable (dispersable): Un tipo que tiene una función de dispersión. Los tipos inmutables, como enteros, flotantes y cadenas son `hashables` (dispersables); los tipos mutables como listas y diccionarios no lo son.

dispersar: La operación de tratar una secuencia como una lista de argumentos.

modelado (de una estructura de datos): Un resumen del tipo, tamaño, y composición de una estructura de datos.

reunir: La operación de montar una tupla con argumentos de longitud variable.

singleton: Una lista (u otra secuencia) con un único elemento.

tupla: Una secuencia inmutable de elementos.

10.11. Ejercicios

Ejercicio 10.1 Revisa el ejercicio 9.3, del tema anterior, de este modo: Lee y procesa las líneas "From" y extrae la dirección. Cuenta el número de mensajes de cada persona usando un diccionario.

Después de que todos los datos hayan sido leídos, para mostrar la persona con más envíos, crea una lista de tuplas (contador, email) a partir del diccionario. Luego ordena la lista en orden inverso y muestra la persona que tiene más envíos.

```
Línea de ejemplo:
From stephen.marquard@uct.ac.za Sat Jan  5 09:14:16 2008

Introduzca un nombre de fichero: mbox-short.txt
cwen@iupui.edu 5

Introduzca un nombre de fichero: mbox.txt
zqian@umich.edu 195
```

Ejercicio 10.2 Crea un programa que cuente la distribución de las horas del día para cada uno de los mensajes. Puedes extraer la hora de la línea "From", buscando la cadena horaria y luego dividiendo esa cadena en partes mediante el carácter dospuntos. Una vez que tengas acumulados los contadores para cada hora, imprime en pantalla los contadores, uno por línea, ordenados por hora como se muestra debajo.

```
Ejecución de ejemplo:
python timeofday.py
Introduzca un nombre de fichero: mbox-short.txt
04 3
```

```
06 1
07 1
09 2
10 3
11 6
14 1
15 2
16 4
17 2
18 1
19 1
```

Ejercicio 10.3 Escribe un programa que lea un archivo e imprima las *letras* en
orden decreciente de frecuencia. El programa debe convertir todas las entradas
a minúsculas y contar sólo las letras a-z. El programa no debe contar espacios,
dígitos, signos de puntuación, ni nada que sea distinto a las letras a-z. Busca
ejemplos de texto en varios idiomas distintos, y observa cómo la frecuencia de
las letras es diferente en cada idioma. Compara tus resultados con las tablas de
wikipedia.org/wiki/Letter_frequencies.

Capítulo 11

Expresiones regulares

Hasta ahora hemos estado leyendo archivos, buscando patrones y extrayendo varios fragmentos de líneas que encontrábamos interesantes. Hemos estado usando métodos de cadena, como split y find, usando listas y rebanado de cadenas para extraer porciones de esas líneas.

Esta tarea de buscar y extraer es tan común que Python tiene una librería muy potente llamada **expresiones regulares**, que se encarga de muchas de estas tareas de forma elegante. La razón por la que no hemos introducido las expresiones regulares antes en este libro se debe a que, a pesar de que son muy potentes, también son un poco complicadas y lleva algún tiempo acostumbrarse a su sintaxis.

Las expresiones regulares tienen casi su propio pequeño lenguaje de programación para buscar y analizar las cadenas. De hecho, se han escritos libros enteros sobre el tema de las expresiones regulares. En este capítulo, nosotros sólo cubriremos lo más básico acerca de las expresiones regulares. Para obtener más detalles sobre ellas, puedes consultar:

http://es.wikipedia.org/wiki/Expresion_regular

https://docs.python.org/2/library/re.html

La librería de expresiones regulares re, debe ser importada en el programa antes de poder utilizarlas. El uso más simple de esta librería es la función search(). El programa siguiente demuestra un uso trivial de la función search.

```
import re
manf = open('mbox-short.txt')
for linea in manf:
    linea = linea.rstrip()
    if re.search('From:', linea) :
        print linea
```

Abrimos el fichero, vamos recorriendo cada línea, y usamos la función search(), de la librería de expresiones regulares, para imprimir solamente aquellas líneas

que contienen la cadena "From:". Este programa no usa la potencia real de las
expresiones regulares, ya que podríamos haber usado simplemente `linea.find()`
para lograr el mismo resultado.

La potencia de las expresiones regulares llega cuando añadimos caracteres especiales a la cadena de búsqueda, que nos permiten controlar con mayor precisión
qué líneas coinciden con nuestro patrón. Añadir estos caracteres especiales a nuestra expresión regular nos permite localizar patrones complejos y realizar extrac-
ciones escribiendo muy poco código.

Por ejemplo, el carácter de intercalación (ˆ) es usado en las expresiones regulares
para indicar "el comienzo" de una línea. Podemos cambiar nuestro programa para
que sólo localice aquellas líneas en las cuales "From:" esté al principio:

```
import re
manf = open('mbox-short.txt')
for linea in manf:
    linea = linea.rstrip()
    if re.search('^From:', linea) :
        print linea
```

Ahora sólo coincidirán las líneas que *comiencen* por la cadena "From:". Todavía
se trata de un ejemplo de análisis muy sencillo, ya que podríamos haber hecho lo
mismo con el método `startswith()` de la librería de cadenas. Pero sirve para introducir la noción de que las expresiones regulares contienen caracteres de acción
especiales que nos dan más control sobre lo que localizará la expresión regular.

11.1.   Equivalencia de caracteres en expresiones regulares

Hay varios caracteres especiales más que nos permiten construir expresiones regulares aún más potentes. El más usado de ellos es el punto o parada completa,
que equivale a cualquier carácter.

En el ejemplo siguiente, la expresión regular "F..m:" coincidirá con cualquiera de
las cadenas "From:", "Fxxm:", "F12m:", or "F!@m:", ya que el carácter punto en
la expresión regular equivale a cualquier carácter.

```
import re
manf = open('mbox-short.txt')
for linea in manf:
    linea = linea.rstrip()
    if re.search('^F..m:', linea) :
        print linea
```

Esto resulta particularmente potente cuando se combina con la capacidad de indicar que un carácter puede repetirse cualquier número de veces, usando los caracteres "*" o "+" en la expresión regular. Estos caracteres especiales significan
que en vez de coincidir un único carácter con la cadena buscada, pueden coincidir

cero-o-más caracteres (en el caso del asterisco), o uno-o-más caracteres (en el caso del signo más).

Podemos restringir aún más las líneas que coincidirán con la búsqueda, usando un carácter **comodín** que se repita, como en el ejemplo siguiente:

```
import re
manf = open('mbox-short.txt')
for linea in manf:
    linea = linea.rstrip()
    if re.search('^From:.+@', linea) :
        print linea
```

La cadena buscada "^From:.+@" encontrará todas las líneas que comienzan con "From:", seguido por uno o más caracteres (".+"), seguidos de un símbolo-arroba. De modo que la línea siguiente sería localizada:

From: `stephen.marquard `@`uct.ac.za`

Puedes pensar en el comodín ".+" como una extensión que equivale a todos los caracteres que están entre los dos-puntos y el símbolo arroba.

From:`.+ `@

Resulta útil pensar en los caracteres más y asterisco como "empujadores". Por ejemplo, en la cadena siguiente la coincidencia con nuestra expresión llegaría hasta el último signo arroba de la línea, ya que el ".+" empuja hacia fuera, como se muestra debajo:

From: `stephen.marquard@uct.ac.za, csev@umich.edu, and cwen `@`iupui.edu`

Es posible decirle a un asterisco o a un signo más que no sean "codiciosos", añadiendo otro carácter. Mira la documentación detallada para obtener información sobre cómo desactivar el comportamiento codicioso.

11.2.   Extracción de datos usando expresiones regulares

Si queremos extraer datos desde una cadena en Python, podemos usar el método `findall()` para obtener todas las subcadenas que coinciden con una expresión regular. Pongamos por caso que queramos extraer todo aquello que se parezca a una dirección de e-mail de cualquier línea, independientemente del formato de la misma. Por ejemplo, deseamos extraer las direcciones de e-mail de cada una de las líneas siguientes:

```
From stephen.marquard@uct.ac.za Sat Jan  5 09:14:16 2008
Return-Path: <postmaster@collab.sakaiproject.org>
          for <source@collab.sakaiproject.org>;
Received: (from apache@localhost)
Author: stephen.marquard@uct.ac.za
```

No queremos escribir código para cada uno de los tipos de líneas, dividirlas y rebanarlas de forma diferente en cada caso. El programa siguiente usa `findall()` para localizar las líneas que contienen direcciones de e-mail, y extraer una o más direcciones de cada una de ellas.

```
import re
s = 'Hello from csev@umich.edu to cwen@iupui.edu about the meeting @2PM'
lst = re.findall('\S+@\S+', s)
print lst
```

El método `findall()` busca la cadena que se le pasa como segundo argumento y en este caso devuelve una lista de todas las cadenas que parecen direcciones de e-mail. Estamos usando una secuencia de dos caracteres, que equivale a cualquier carácter distinto de un espacio en blanco (\S).

La salida del programa sería:

```
['csev@umich.edu', 'cwen@iupui.edu']
```

Traduciendo la expresión regular, estamos buscando subcadenas que tengan al menos un carácter que no sea un espacio en blanco, seguido por un signo arroba, seguido por al menos un carácter más que tampoco sea un espacio en blanco. El "\S+" equivale a tantos caracteres no-espacio-en-blanco como sea posible.

La expresión regular encontrará dos coincidencias (csev@umich.edu y cwen@iupui.edu), pero no capturará la cadena "@2PM", ya que no hay ningún carácter distinto de espacio en blanco *antes* del símbolo arroba. Podemos usar esta expresión regular en un programa para leer todas las líneas de un archivo y mostrar en pantalla todo lo que se parezca a una dirección de correo electrónico:

```
import re
manf = open('mbox-short.txt')
for linea in manf:
    linea = linea.rstrip()
    x = re.findall('\S+@\S+', linea)
    if len(x) > 0 :
        print x
```

Vamos leyendo cada línea y luego extraemos todas las subcadenas que coinciden con nuestra expresión regular. Como `findall()` devuelve una lista, simplemente comprobamos si el número de elementos en la lista de retorno es mayor que cero, para mostrar sólo aquellas líneas en las cuales hemos encontrado al menos una subcadena que parece una dirección de e-mail.

Si se hace funcionar el programa con `mbox.txt`, obtendremos la siguiente salida:

```
['wagnermr@iupui.edu']
['cwen@iupui.edu']
['<postmaster@collab.sakaiproject.org>']
['<200801032122.m03LMFo4005148@nakamura.uits.iupui.edu>']
['<source@collab.sakaiproject.org>;']
['<source@collab.sakaiproject.org>;']
```

```
['<source@collab.sakaiproject.org>;']
['apache@localhost)']
['source@collab.sakaiproject.org;']
```

Algunas de nuestras direcciones de correo tienen caracteres incorrectos, como "<" o ";" al principio o al final. Vamos a indicar que sólo estamos interesados en la porción de la cadena que comienza y termina con una letra o un número.

Para lograrlo, usaremos otra característica de las expresiones regulares. Los corchetes se utilizan para indicar un conjunto de varios caracteres aceptables que estamos dispuestos a considerar coincidencias. En cierto sentido, el "\S" ya está exigiendo que coincidan con el conjunto de "caracteres que no son espacios en blanco". Ahora vamos a ser un poco más explícitos en cuanto a los caracteres con los que queremos que coincida.

He aquí nuestra nueva expresión regular:

```
[a-zA-Z0-9]\S*@\S*[a-zA-Z]
```

Esto se va volviendo un poco complicado y seguramente ya empiezas a ver por qué las expresiones regulares tienen su propio lenguaje para ellas solas. Traduciendo esta expresión regular, estamos buscando subcadenas que comiencen con una *única* letra (minúscula o mayúscula), o un número "[a-zA-Z0-9]", seguido por cero o más caracteres no-en-blanco ("\S*"), seguidos por un símbolo arroba, seguidos por cero o más caracteres no-en-blanco ("\S*"), seguidos por una letra mayúscula o minúscula. Fíjate que hemos cambiado de "+" a "*" para indicar cero o más caracteres no-blancos, dado que "[a-zA-Z0-9]" ya es un carácter no-en-blanco. Recuerda que el "*" o "+" se aplica al carácter que queda inmediatamente a la izquierda del más o del asterisco.

Si aplicamos esta expresión en nuestro programa, los datos quedan mucho más limpios:

```
import re
manf = open('mbox-short.txt')
for linea in manf:
    linea = linea.rstrip()
    x = re.findall('[a-zA-Z0-9]\S*@\S*[a-zA-Z]', linea)
    if len(x) > 0 :
        print x


...
['wagnermr@iupui.edu']
['cwen@iupui.edu']
['postmaster@collab.sakaiproject.org']
['200801032122.m03LMFo4005148@nakamura.uits.iupui.edu']
['source@collab.sakaiproject.org']
['source@collab.sakaiproject.org']
['source@collab.sakaiproject.org']
['apache@localhost']
```

Fíjate que en las líneas de "source@collab.sakaiproject.org", nuestra expresión regular ha eliminado dos letras del final de la cadena (">;"). Esto se debe a que cuando añadimos "[a-zA-Z]" al final de nuestra expresión regular, le estamos pidiendo que cualquier cadena que el analizador de expresión regulares encuentre debe terminar con una letra. De modo que cuando ve el ">" después de "sakaiproject.org>;" simplemente se detiene en la última letra que ha encontrado que "coincide" (es decir, la "g" en este caso).

Observa también que la salida de este programa consiste, para cada línea, en una lista de Python que contiene una cadena como único elemento.

11.3. Combinar búsqueda y extracción

Si queremos encontrar números en líneas que comienzan con la cadena "X-", como en:

```
X-DSPAM-Confidence: 0.8475
X-DSPAM-Probability: 0.0000
```

no querremos simplemente localizar cualquier número en punto flotante de cualquier línea. Querremos extraer solamente los números de las líneas que tengan la sintaxis indicada arriba.

Podemos construir la siguiente expresión regular para elegir las líneas:

```
^X-.*: [0-9.]+
```

Traducido, lo que estamos diciendo es que queremos las líneas que comiencen con "X-", seguidas por cero o más caracteres (".*"), seguidas por dos-puntos (":") y luego un espacio. Después del espacio busca uno o más caracteres que sean o bien dígitos (0-9) o puntos "[0-9.]+". Fíjate que dentro de los corchetes, el punto coincide con un punto real (es decir, dentro de los corchetes no actúa como comodín).

Se trata de una expresión muy rigurosa, que localizará bastante bien únicamente las líneas en las que estamos interesados:

```
import re
manf = open('mbox-short.txt')
for linea in manf:
    linea = linea.rstrip()
    if re.search('^X\S*: [0-9.]+', linea) :
        print linea
```

Cuando ejecutemos el programa, veremos los datos correctamente filtrados para mostrar sólo las líneas que estamos buscando.

```
X-DSPAM-Confidence: 0.8475
X-DSPAM-Probability: 0.0000
X-DSPAM-Confidence: 0.6178
X-DSPAM-Probability: 0.0000
```

Pero ahora debemos resolver el problema de la extracción de los números. A pesar de que resultaría bastante sencillo usar `split`, podemos usar otra características de las expresiones regulares para buscar y analizar la línea al mismo tiempo.

Los paréntesis son también caracteres especiales en las expresiones regulares. Cuando se añaden paréntesis a una expresión regular, éstos se ignoran a la hora de buscar coincidencias. Pero cuando se usa `findall()`, los paréntesis indican que a pesar de que se desea que la expresión completa coincida, sólo se está interesado en extraer una cierta porción de la subcadena.

Así que haremos el siguiente cambio en nuestro programa:

```
import re
manf = open('mbox-short.txt')
for linea in manf:
    linea = linea.rstrip()
    x = re.findall('^X\S*: ([0-9.]+)', linea)
    if len(x) > 0 :
        print x
```

En vez de llamar a `search()`, añadimos paréntesis alrededor de la parte de la expresión regular que representa el número en punto flotante, para indicar que queremos que `findall()` sólo nos devuelva la porción con el número en punto flotante de la cadena coincidente.

La salida de este programa es la siguiente:

```
['0.8475']
['0.0000']
['0.6178']
['0.0000']
['0.6961']
['0.0000']
..
```

Los número siguen estando en una lista y aún necesitan ser convertidos de cadenas a números en punto flotante, pero hemos usado el poder de las expresiones regulares para realizar tanto la búsqueda como la extracción de información que nos resulta interesante.

Como otro ejemplo más de esta técnica, si observas el archivo verás que hay un cierto número de líneas con esta forma:

```
Details: http://source.sakaiproject.org/viewsvn/?view=rev&rev=39772
```

Si queremos extraer todos los números de revisión (los números enteros al final de esas líneas) usando la misma técnica que en el caso anterior, podríamos escribir el programa siguiente:

```
import re
manf = open('mbox-short.txt')
for linea in manf:
    linea = linea.rstrip()
```

```
x = re.findall('^Details:.*rev=([0-9]+)', linea)
if len(x) > 0:
    print x
```

Traduciendo nuestra expresión regular, estamos buscando aquellas líneas que comiencen con "Details:", seguido de cualquier número de caracteres ("*"), seguido por "rev=", y luego por uno o más dígitos. Queremos encontrar las líneas que coincidan con la expresión completa, pero deseamos extraer unicamente el número entero al final de la línea, de modo que rodeamos con paréntesis "[0-9]+".

Cuando ejecutamos el programa, obtenemos la salida siguiente:

```
['39772']
['39771']
['39770']
['39769']
...
```

Recuerda que el "[0-9]+" es "codicioso", e intentará conseguir una cadena de dígitos tan larga como sea posible antes de extraer esos dígitos. Este comportamiento "codicioso" es el motivo por el que obtenemos los cinco dígitos de cada número. La expresión regular se expande en ambas direcciones hasta que encuentra un no-dígito, o el comienzo o final de una línea.

Ahora ya podemos usar expresiones regulares para rehacer un ejercicio anterior del libro, en el cual estábamos interesados en la hora de cada mensaje de e-mail. Buscamos líneas de la forma:

```
From stephen.marquard@uct.ac.za Sat Jan  5 09:14:16 2008
```

y queremos extraer la hora del día de cada linea. Anteriormente lo hicimos con dos llamadas a `split`. Primero dividíamos la línea en palabras y luego cogíamos la quinta palabra y la dividíamos de nuevo usando el carácter dos-puntos para extraer los dos caracteres en los que estábamos interesados.

A pesar de que esto funciona, en realidad se está generando un código bastante frágil, que asume que todas las líneas están perfectamente formateadas. Si quisieras añadir suficiente comprobación de errores (o un gran bloque try/except) para asegurarte de que el programa nunca falle cuando se encuentre con líneas incorrectamente formateadas, el código aumentaría en 10-15 líneas bastante difíciles de leer.

Podemos lograr lo mismo de un modo mucho más sencillo con la siguiente expresión regular:

```
^From .* [0-9][0-9]:
```

La traducción de esta expresión regular es que estamos buscando líneas que comiencen con "From " (fíjate en el espacio), seguidas por cualquier cantidad de caracteres (".*"), seguidos por un espacio, seguidos por dos dígitos "[0-9][0-9]", seguidos por un carácter dos-puntos. Esta es la definición del tipo de líneas que estamos buscando.

Para extraer sólo la hora usando `findall()`, vamos a añadir paréntesis alrededor de los dos dígitos, de este modo:

```
^From .* ([0-9][0-9]):
```

El programa quedaría entonces así:

```
import re
manf = open('mbox-short.txt')
for linea in manf:
    linea = linea.rstrip()
    x = re.findall('^From .* ([0-9][0-9]):', linea)
    if len(x) > 0 : print x
```

Cuando el programa se ejecuta, produce la siguiente salida:

```
['09']
['18']
['16']
['15']
...
```

11.4. Escapado de caracteres

Los caracteres especiales se utilizan en las expresiones regulares para localizar el principio o el final de una línea, o también como comodines, así que necesitamos un modo de indicar cuándo esos caracteres son "normales" y lo queremos encontrar es el carácter real, como un signo de dolar o uno de intercalación.

Podemos indicar que deseamos que simplemente equivalga a un carácter poniendo delante de ese carácter una barra invertida. A esto se le llama "escapar" el carácter. Por ejemplo, podemos encontrar cantidades de dinero con la expresión regular siguiente:

```
import re
x = 'Acabamos de recibir 10.00$ por las galletas.'
y = re.findall('[0-9.]+\$',x)
```

Dado que hemos antepuesto una barra invertida al signo dólar, ahora equivaldrá al símbolo del dolar en la cadena de entrada, en lugar de equivaler al "final de la línea", y el resto de la expresión regular buscará uno o más dígitos o el carácter punto. *Nota:* Dentro de los corchetes, los caracteres no son "especiales". De modo que cuando escribimos "[0-9.]", en realidad significa dígitos o un punto. Fuera de los corchetes, un punto es el carácter "comodín" y coincide con cualquier carácter. Dentro de los corchetes, el punto es simplemente un punto.

11.5. Resumen

Aunque sólo hemos arañado la superficie de las expresiones regulares, hemos aprendido un poco acerca de su lenguaje. Hay cadenas de búsqueda con caracteres especiales en su interior que comunican al sistema del expresiones regulares nuestros deseos acerca de qué queremos "buscar" y qué se extraerá de las cadenas que se localicen. Aquí tenemos algunos de esos caracteres especiales y secuencias de caracteres:

^

Coincide con el principio de una línea.

$
Coincide con el final de una línea.

.

Coincide con cualquier carácter (un comodín).

\s
Coincide con un carácter espacio en blanco.

\S
Coincide con cualquier carácter que no sea un espacio en blanco (opuesto a \s).

*

Se aplica al carácter que le precede e indica que la búsqueda debe coincidir cero o más veces con él.

*?

Se aplica al carácter que le precede e indica que la búsqueda debe coincidir cero o más veces con él en "modo no-codicioso".

+

Se aplica al carácter que le precede e indica que la búsqueda debe coincidir una o más veces con él.

+?

Se aplica al carácter que le precede e indica que la búsqueda debe coincidir una o más veces con él en "modo no-codicioso".

[aeiou]
Coincide con un único carácter siempre que ese carácter esté en el conjunto especificado. En este ejemplo, deberían coincidir "a", "e", "i", "o", o "u", pero no los demás caracteres.

[a-z0-9]
Se pueden especificar rangos de caracteres usando el guión. Este ejemplo indica un único carácter que puede ser una letra minúscula o un dígito.

[^A-Za-z]

Cuando el primer carácter en la notación del conjunto es un símbolo de intercalación, se invierte la lógica. En este ejemplo, la expresión equivale a un único carácter que sea cualquier cosa *excepto* una letra mayúscula o minúscula.

( )

Cuando se añaden paréntesis a una expresión regular, éstos son ignorados durante la búsqueda, pero permiten extraer un subconjunto particular de la cadena localizada en vez de la cadena completa, cuando usamos `findall()`.

\b

Coincide con la cadena vacía, pero sólo al principio o al final de una palabra.

\B

Coincide con la cadena vacía, pero no al principio o al final de una palabra.

\d

Coincide con cualquier dígito decimal, es equivalente al conjunto [0-9].

\D

Coincide con cualquier carácter que no sea un dígito; equivale al conjunto [^0-9].

11.6. Sección extra para usuarios de Unix

El soporte para búsqueda de archivos usando expresiones regulares viene incluido dentro del sistema operativo Unix desde los años 1960, y está disponible en casi todos los lenguajes de programación de una u otra forma.

De hecho, existe un programa de línea de comandos integrado en Unix llamado **grep** (`Generalized Regular Expression Parser` - Analizador Generalizado de Expresiones Regulares) que hace casi lo mismo que hemos visto con `search()` en los ejemplos de este capítulo. De modo que si tienes un sistema Macintosh o Linux, puedes probar las siguientes órdenes en la ventana de línea de comandos:

```
$ grep '^From:' mbox-short.txt
From: stephen.marquard@uct.ac.za
From: louis@media.berkeley.edu
From: zqian@umich.edu
From: rjlowe@iupui.edu
```

Esto le dice a `grep` que muestre las líneas que comienzan con la cadena "From:" del archivo `mbox-short.txt`. Si experimentas un poco con el comando `grep` y lees su documentación, encontrarás algunas sutiles diferencias entre el soporte de expresiones regulares en Python y el de `grep`. Por ejemplo, `grep` no soporta el carácter equivalente a no-espacio-en-blanco, "\S", de modo que hay que usar la notación bastante más compleja "[^]", que simplemente significa que busque un carácter que sea cualquier cosa distinta a un espacio.

11.7. Depuración

Python tiene cierta documentación sencilla y rudimentaria que puede llegar a ser
bastante útil si necesitas un repaso rápido que active tu memoria acerca del nombre
exacto de un método particular. Esta documentación puede verse en el intérprete
de Python en modo interactivo.

Puedes acceder al sistema de ayuda interactivo usando `help()`.

```
>>> help()

Welcome to Python 2.6!  This is the online help utility.

If this is your first time using Python, you should definitely check out
the tutorial on the Internet at http://docs.python.org/tutorial/.

Enter the name of any module, keyword, or topic to get help on writing
Python programs and using Python modules.  To quit this help utility and
return to the interpreter, just type "quit".

To get a list of available modules, keywords, or topics, type "modules",
"keywords", or "topics".  Each module also comes with a one-line summary
of what it does; to list the modules whose summaries contain a given word
such as "spam", type "modules spam".

help> modules
```

Si sabes qué módulo quieres usar, puedes utilizar el comando `dir()` para localizar
los métodos del módulo, como se muestra a continuación:

```
>>> import re
>>> dir(re)
[.. 'compile', 'copy_reg', 'error', 'escape', 'findall',
'finditer', 'match', 'purge', 'search', 'split', 'sre_compile',
'sre_parse', 'sub', 'subn', 'sys', 'template']
```

También puedes obtener un poco de documentación acerca de un método particular usando el comando dir.

```
>>> help (re.search)
Help on function search in module re:

search(pattern, string, flags=0)
    Scan through string looking for a match to the pattern, returning
    a match object, or None if no match was found.
>>>
```

La documentación integrada no es muy extensa, pero puede resultar útil cuando
tienes prisa, o no tienes acceso a un navegador web o a un motor de búsqueda.

11.8. Glosario

código frágil: Código que funciona cuando los datos de entrada tienen un formato particular, pero es propenso a fallar si hay alguna desviación del formato

correcto. Llamamos a eso "código frágil", porque "se rompe" con facilidad.

coincidencia codiciosa: El concepto de que los caracteres "+" y "*" de una expresión regular se expanden hacia fuera para capturar la cadena más larga posible.

comodín: Un carácter especial que coincide con cualquier carácter. En las expresiones regulares, el carácter comodín es el punto.

expresión regular: Un lenguaje para expresar cadenas de búsqueda más complejas. Una expresión regular puede contener caracteres especiales para indicar que una búsqueda sólo se realice en el principio o el final de una línea, y muchas otras capacidades similares.

grep: Un comando disponible en la mayoría de sistemas Unix que busca a través de archivos de texto, localizando líneas que coincidan con una expresión regular. El nombre del comando significa "Generalized Regular Expression Parser"(Analizador Generalizado de Expresiones Regulares).

11.9. Ejercicios

Ejercicio 11.1 Escribe un programa sencillo que simule la forma de operar del comando `grep` de Unix. Pide al usuario introducir una expresión regular y cuenta el número de líneas que localiza a partir de ella:

```
$ python grep.py
Introduzca una expresión regular: ^Author
mbox.txt tiene 1798 líneas que coinciden con ^Author

$ python grep.py
Introduzca una expresión regular: ^X-
mbox.txt tiene 14368 líneas que coinciden con ^X-

$ python grep.py
Introduzca una expresión regular: java$
mbox.txt tiene 4218 líneas que coinciden con java$
```

Ejercicio 11.2 Escribe un programa para buscar líneas que tengan esta forma:

```
New Revision: 39772
```

y extrae el número de cada una de esas líneas usando una expresión regular y el método `findall()`. Calcula la media y el total y muestra al final la media obtenida.

```
Introduzca fichero:mbox.txt
38549.7949721

Introduzca fichero:mbox-short.txt
39756.9259259
```

Capítulo 12

Programas en red

A pesar de que muchos de los ejemplos de este libro se han dirigido a la lectura de ficheros y a la búsqueda de datos dentro de ellos, existen otras muchas fuentes distintas de información si también se tiene en cuenta Internet.

En este capítulo, fingiremos ser un navegador web y recuperaremos páginas web usando el Protocolo de Transporte de Hipertexto (`HyperText Transport Protocol` - HTTP). Luego revisaremos los datos de esas páginas web y los analizaremos.

12.1. Protocolo de Transporte de Hipertexto - HTTP

El protocolo de red que hace funcionar la web es en realidad bastante simple, y existe un soporte integrado en Python que se llama `sockets` que hace que resulte muy fácil realizar conexiones de red y recuperar datos a través de esas conexiones desde un programa Python.

Un **socket** es muy parecido a un archivo, excepto que un único socket proporciona una conexión de doble sentido entre dos programas. Es posible tanto leer como escribir en el mismo socket. Si se escribe algo en un socket, es enviado hacia la aplicación que está al otro lado del socket. Si se lee desde un socket, se obtienen los datos que la otra aplicación ha enviado.

Pero si intentas leer de un socket cuando el programa que está al otro lado no ha enviado ningún dato—puedes esperar sentado. Si los programas de ambos extremos del socket simplemente intentan recibir datos sin que ninguno envíe nada, esperarán durante mucho, mucho tiempo.

De modo que una parte importante de la comunicación de programas a través de Internet consiste en tener algún tipo de protocolo. Un protocolo es un conjunto de reglas precisas que determinan quién empieza primero, qué debe hacer, cuáles son las respuestas siguientes para ese mensaje, quién envía a continuación y todo lo demás. En cierto sentido las aplicaciones a ambos lados del socket están interpretando un baile y cada una de ellas debe estar segura de que no pisa los pies del otro.

Hay muchos documentos que describen esos protocolos de red. El Protocolo de Transporte de Hipertexto está descrito en el siguiente documento:

```
http://www.w3.org/Protocols/rfc2616/rfc2616.txt
```

Se trata de un documento de 176 páginas, largo y complejo, con un montón de detalles. Si lo encuentras interesante, no dudes en leerlo completo. Pero si echas un vistazo alrededor de la página 36 del RFC2616, encontrarás la sintaxis para las peticiones GET. Para pedir un documento a un servidor web, hacemos una conexión al servidor `www.py4inf.com` en el puerto 80, y luego enviamos una línea como esta

```
GET http://www.py4inf.com/code/romeo.txt HTTP/1.0
```

en la cual el segundo parámetro es la página web que estamos solicitando, y a continuación enviamos una línea en blanco. El servidor web responderá con una cabecera que contiene cierta información acerca del documento y una línea en blanco, seguido por el contenido del documento.

12.2. El Navegador Web Más Sencillo del Mundo

Tal vez el modo más fácil de mostrar cómo funciona el protocolo HTTP sea escribir un programa en Python muy sencillo, que realice una conexión con un servidor web y siga las reglas de ese protocolo para solicitar un documento y mostrar lo que el servidor le devuelve.

```
import socket

misock = socket.socket(socket.AF_INET, socket.SOCK_STREAM)
misock.connect(('www.py4inf.com', 80))
misock.send('GET http://www.py4inf.com/code/romeo.txt HTTP/1.0\n\n')

while True:
    datos = misock.recv(512)
    if ( len(datos) < 1 ) :
        break
    print datos

misock.close()
```

En primer lugar el programa realiza una conexión con el puerto 80 del servidor `www.py4inf.com`. Dado que nuestro programa está realizando el papel de "servidor web", el protocolo HTTP dice que debemos enviar el comando GET seguido por una línea en blanco.

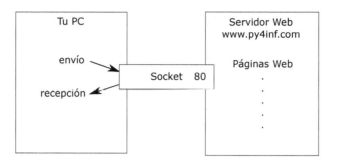

Una vez enviada esa línea en blanco, escribimos un bucle que recibe los datos desde el socket en bloques de 512 caracteres y los imprime en pantalla hasta que no quedan más datos por leer (es decir, hasta que recv() devuelve una cadena vacía).

El programa produce la salida siguiente:

```
HTTP/1.1 200 OK
Date: Sun, 14 Mar 2010 23:52:41 GMT
Server: Apache
Last-Modified: Tue, 29 Dec 2009 01:31:22 GMT
ETag: "143c1b33-a7-4b395bea"
Accept-Ranges: bytes
Content-Length: 167
Connection: close
Content-Type: text/plain

But soft what light through yonder window breaks
It is the east and Juliet is the sun
Arise fair sun and kill the envious moon
Who is already sick and pale with grief
```

La salida comienza con las cabecera que el servidor web envía para describir el documento. Por ejemplo, la cabecera Content-Type indica que el documento es del tipo texto sin formato (text/plain).

Después de que el servidor nos envía la cabecera, añade una línea en blanco para indicar el final de la misma, y a continuación envía los datos reales del fichero romeo.txt.

Este ejemplo nos muestra cómo crear una conexión de red de bajo nivel con sockets. Los sockets pueden ser usados para comunicarse con un servidor web, con un servidor de correo, o con muchos otros tipos de servidores. Todo lo que se necesita es localizar el documento que describe el protocolo correspondiente y escribir el código para enviar y recibir los datos de acuerdo a ese protocolo.

Sin embargo, como el protocolo que se usa con más frecuencia es el protocolo web HTTP, Python posee una librería especial específicamente diseñada para trabajar con ese protocolo y recibir documentos y datos a través de la web.

12.3.   Recepción de una imagen mediante HTTP

En el ejemplo anterior, hemos recibido un archivo de texto sin formato, que tenía saltos de línea en su interior, y lo único que hemos hecho desde el programa ha sido ir copiando los datos en la pantalla. Podemos usar un programa similar para recibir una imagen a través de HTTP. En lugar de copiar los datos a la pantalla según va funcionando el programa, acumularemos esos datos en una cadena, recortaremos las cabeceras, y luego guardaremos los datos de la imagen en un archivo, como se muestra a continuación:

```
import socket
import time

misock = socket.socket(socket.AF_INET, socket.SOCK_STREAM)
misock.connect(('www.py4inf.com', 80))
misock.send('GET http://www.py4inf.com/cover.jpg HTTP/1.0\n\n')


contador = 0
imagen = "";
while True:
    datos = misock.recv(5120)
    if ( len(datos) < 1 ) : break
    # time.sleep(0.25)
    contador = contador + len(datos)
    print len(datos),contador
    imagen = imagen + datos

misock.close()

# Búsqueda del final de la cabecera (2 CRLF)
pos = imagen.find("\r\n\r\n");
print 'Tamaño de cabecera',pos
print imagen[:pos]

# Saltar detrás de la cabecera y guardar los datos de la imagen
imagen = imagen[pos+4:]
manf = open("cosa.jpg","wb")
manf.write(imagen);
manf.close()
```

Cuando el programa se ejecuta, produce la salida siguiente:

```
$ python urljpeg.py
2920 2920
1460 4380
1460 5840
1460 7300
...
1460 62780
1460 64240
2920 67160
1460 68620
1681 70301
```

```
Tamaño de cabecera 240
HTTP/1.1 200 OK
Date: Sat, 02 Nov 2013 02:15:07 GMT
Server: Apache
Last-Modified: Sat, 02 Nov 2013 02:01:26 GMT
ETag: "19c141-111a9-4ea280f8354b8"
Accept-Ranges: bytes
Content-Length: 70057
Connection: close
Content-Type: image/jpeg
```

Puedes observar que, para esta url, la cabecera `Content-Type` indica que el cuerpo del documento es una imagen (`image/jpeg`). Una vez que el programa termina, se pueden ver los datos de la imagen abriendo el archivo `cosa.jpg` con un visor de imágenes.

Al ejecutar el programa, se puede ver que no se obtienen 5120 caracteres cada vez que que se llama al método `recv()`. Se obtienen tantos caracteres como hayan sido transferidos por el servidor web hacia nosotros a través de la red en el momento de la llamada a `recv()`. En este ejemplo, se obtienen 1460 ó 2920 caracteres cada vez que se solicita un máximo de 5120 caracteres de datos.

Los resultados obtenidos pueden ser diferentes dependiendo de la velocidad de tu red. Además fíjate en que en la última llamada a `recv()` se obtienen 1681 bytes, que es el final de la cadena, y en la siguiente llamada a `recv()` se obtiene una cadena de longitud cero que nos indica que el servidor ya ha llamado a `close()` en su lado del socket, y por tanto no quedan más datos pendientes.

Podemos retardar las llamadas sucesivas a `recv()` descomentando la llamada a `time.sleep()`. Así, esperamos un cuarto de segundo después de cada llamada, de modo que el servidor puede "adelantarse" a nosotros y enviarnos más datos antes de que llamemos de nuevo a `recv()`. Con el retraso, esta vez el programa se ejecuta así:

```
$ python urljpeg.py
1460 1460
5120 6580
5120 11700
...
5120 62900
5120 68020
2281 70301
Tamaño de cabecera 240
HTTP/1.1 200 OK
Date: Sat, 02 Nov 2013 02:22:04 GMT
Server: Apache
Last-Modified: Sat, 02 Nov 2013 02:01:26 GMT
ETag: "19c141-111a9-4ea280f8354b8"
```

```
Accept-Ranges: bytes
Content-Length: 70057
Connection: close
Content-Type: image/jpeg
```

Ahora todas las llamadas a `recv()`, excepto la primera y la última, nos dan 5120 caracteres cada vez que solicitamos más datos.

Existe un buffer entre el servidor que hace las peticiones `send()` y nuestra aplicación que hace las peticiones `recv()`. Cuando ejecutamos el programa con el retraso activado, en algún momento el servidor podría llenar el buffer del socket y verse forzado a detenerse hasta que nuestro programa empiece a vaciar ese buffer. La detención de la aplicación que envía los datos o de la que los recibe se llama "control de flujo".

12.4.   Recepción de páginas web con `urllib`

A pesar de que es posible enviar y recibir datos manualmente a través de HTTP usando la librería socket, existe en Python un modo mucho más sencillo de realizar esta habitual tarea, mediante el uso de la librería `urllib`.

Al usar `urllib`, es posible tratar una página web de forma mucho más parecida a un fichero. Se puede indicar simplemente qué página web se desea recuperar y `urllib` se encargará de gestionar todo lo referente al protocolo HTTP y los detalles de la cabecera.

El código equivalente para leer el fichero `romeo.txt` desde la web usando `urllib` es el siguiente:

```
import urllib

manf = urllib.urlopen('http://www.py4inf.com/code/romeo.txt')
for linea in manf:
   print linea.strip()
```

Una vez que la página web ha sido abierta con `urllib.urlopen`, se puede tratar como un archivo y leer a través de ella usando un bucle `for`.

Cuando el programa se ejecuta, en su salida sólo vemos el contenido del fichero. Las cabeceras siguen enviándose, pero el código de `urllib` se queda con ellas y sólo nos devuelve los datos.

```
But soft what light through yonder window breaks
It is the east and Juliet is the sun
Arise fair sun and kill the envious moon
Who is already sick and pale with grief
```

Como ejemplo, podemos escribir un programa para recuperar los datos de `romeo.txt` y calcular la frecuencia de cada palabra del fichero, como se muestra a continuación:

```
import urllib

contadores = dict()
manf = urllib.urlopen('http://www.py4inf.com/code/romeo.txt')
for linea in manf:
    palabras = linea.split()
    for palabra in palabras:
        contadores[palabra] = contadores.get(palabra,0) + 1
print contadores
```

De nuevo vemos que una vez abierta la página web se puede leer como si se tratase de un fichero local.

12.5. Análisis de HTML y rascado de la web

Uno de los usos más habituales de las capacidades de `urllib` en Python es **rascar** (`scrape`) la web. El "web scraping", o rascado de la web, consiste en escribir un programa que finge ser un navegador web y recupera páginas, examinando luego los datos de esas páginas para encontrar ciertos patrones.

Por ejemplo, un motor de búsqueda como Google buscará en el código de una página web, extraerá los enlaces a otras páginas y recuperará esas páginas, extrayendo los enlaces que haya en ellas y así sucesivamente. Usando esta técnica, las **arañas** de Google se mueven por casi todas las páginas de la web.

Google utiliza también la frecuencia con que las páginas que encuentra enlazan hacia una página concreta para calcular la "importancia" de esa página, y la posición en la que debe aparecer dentro de sus resultados de búsqueda.

12.6. Análisis de HTML mediante expresiones regulares

Un modo sencillo de analizar HTML consiste en utilizar expresiones regulares para hacer búsquedas repetidas que extraigan subcadenas coincidentes con un modelo concreto.

Aquí tenemos una página web sencilla:

```
<h1>La Primera Página</h1>
<p>
Si te apetece, puedes visitar la
<a href="http://www.dr-chuck.com/page2.htm">
Segunda Página</a>.
</p>
```

Podemos construir una expresión regular bien formada que busque y extraiga los valores de los enlaces del texto anterior, de éste modo:

```
href="http://.+?"
```

Nuestra expresión regular busca cadenas que comiencen por "href="http://", seguido de uno o más caracteres (".+?"), seguidos por otra comilla doble. El signo
de interrogación añadido a ".+?" indica que la coincidencia debe ser hecha en modo "no-codicioso", en vez de en modo "codicioso". Una búsqueda no-codiciosa
intenta encontrar la cadena coincidente *más pequeña* posible, mientras que una
búsqueda codiciosa intentaría localizar la cadena coincidente *más grande*.

Añadimos paréntesis a nuestra expresión regular para indicar qué parte de la cadena localizada queremos extraer, y obtenemos el siguiente programa:

```
import urllib
import re

url = raw_input('Introduzca - ')
html = urllib.urlopen(url).read()
enlaces = re.findall('href="(http://.*?)"', html)
for enlace in enlaces:
    print enlace
```

El método `findall` de las expresiones regulares nos proporciona una lista de todas
las cadenas que coinciden con nuestra expresión regular, devolviendo sólo el texto
del enlace situado dentro de las comillas dobles.

Cuando ejecutamos el programa, obtenemos la siguiente salida:

```
python urlregex.py
Introduzca - http://www.dr-chuck.com/page1.htm
http://www.dr-chuck.com/page2.htm

python urlregex.py
Introduzca - http://www.py4inf.com/book.htm
http://www.greenteapress.com/thinkpython/thinkpython.html
http://allendowney.com/
http://www.py4inf.com/code
http://www.lib.umich.edu/espresso-book-machine
http://www.py4inf.com/py4inf-slides.zip
```

Las expresiones regulares funcionan muy bien cuando el HTML está bien for-
mado y es predecible. Pero dado que ahí fuera hay muchas páginas con HTML
"defectuoso", una solución usando solamente expresiones regulares puede, o bien
perder parte de los enlaces correctos, o bien terminar obteniendo datos erróneos.

Esto se puede resolver usando una librería de análisis de HTML robusta.

12.7. Análisis de HTML mediante BeautifulSoup

Hay una cantidad considerable de librerías en Python que pueden ayudarte a analizar HTML y a extraer datos de las páginas. Cada una de las librerías tiene sus
puntos fuertes y flacos, de modo que puedes elegir una basada en tus necesidades.

Por ejemplo, vamos a analizar simplemente una entrada HTML cualquiera y a extraer enlaces usando la librería **BeautifulSoup**. El código de BeautifulSoup se puede descargar e instalar desde:

```
http://www.crummy.com/software/
```

Se puede descargar e "instalar" BeautifulSoup, o simplemente colocar el archivo BeautifulSoup.py en la misma carpeta que nuestra aplicación.

A pesar de que el HTML se parece al XML[1] y que algunas páginas están cuidadosamente construidas para ser XML, la mayoría del HTML generalmente está incompleto, de modo que provoca que un analizador de XML rechace la página completa de HTML por estar formada inadecuadamente. BeautifulSoup tolera el HTML aunque éste sea muy defectuoso, y aún en ese caso permite extraer los datos que se necesiten.

Vamos a usar urllib para leer la página y luego usaremos BeautifulSoup para extraer los atributos href de las etiquetas de anclaje (a).

```
import urllib
from BeautifulSoup import *

url = raw_input('Introduzca - ')
html = urllib.urlopen(url).read()
sopa = BeautifulSoup(html)

# Recupera todas las etiquetas de anclaje
etiquetas = sopa('a')
for etiqueta in etiquetas:
   print etiqueta.get('href', None)
```

El programa solicita una dirección web, luego abre la página web, lee los datos y se los pasa al analizador BeautifulSoup, que recupera todas las etiquetas de anclaje e imprime en pantalla el atributo href de cada una de ellas.

Cuando el programa se ejecuta, muestra lo siguiente:

```
python urllinks.py
Introduzca - http://www.dr-chuck.com/page1.htm
http://www.dr-chuck.com/page2.htm

python urllinks.py
Introduzca - http://www.py4inf.com/book.htm
http://www.greenteapress.com/thinkpython/thinkpython.html
http://allendowney.com/
http://www.si502.com/
http://www.lib.umich.edu/espresso-book-machine
http://www.py4inf.com/code
http://www.pythonlearn.com/
```

Se puede utilizar BeautifulSoup para extraer varias partes de cada etiqueta de este modo:

---

[1]El formato XML será descrito en el próximo capítulo.

```
import urllib
from BeautifulSoup import *

url = raw_input('Introduzca - ')
html = urllib.urlopen(url).read()
sopa = BeautifulSoup(html)

# Recupera todas las etiquetas de anclaje
etiquetas = sopa('a')
for etiqueta in etiquetas:
    # Busca las partes de una etiqueta
    print 'ETIQUETA:',etiqueta
    print 'URL:',etiqueta.get('href', None)
    print 'Contenido:',etiqueta.contents[0]
    print 'Atributos:',etiqueta.attrs
```

Esto produce la siguiente salida:

```
python urllink2.py
Introduce - http://www.dr-chuck.com/page1.htm
ETIQUETA: <a href="http://www.dr-chuck.com/page2.htm">
Second Page</a>
URL: http://www.dr-chuck.com/page2.htm
Contenido: [u'\nSecond Page']
Atributos: [(u'href', u'http://www.dr-chuck.com/page2.htm')]
```

Estos ejemplos tan sólo insinúan la potencia de BeautifulSoup en el análisis del HTML. Lee la documentación y los ejemplos que están en `http://www.crummy.com/software/BeautifulSoup/` para obtener más detalles.

12.8.   Lectura de archivos binarios mediante urllib

A veces se quiere recuperar un fichero que no es de texto (binario), como un archivo de imagen o de video. Normalmente no resulta útil imprimir los datos de estos ficheros, pero se puede hacer una copia de una URL en un archivo local de nuestro disco duro con facilidad, usando `urllib`.

La pauta a seguir consiste en abrir la URL y usar `read` para descargar el contenido completo del documento en una variable de tipo cadena (`img`), y luego escribir la información a un archivo local, como se muestra a continuación:

```
img = urllib.urlopen('http://www.py4inf.com/cover.jpg').read()
manf = open('portada.jpg', 'w')
manf.write(img)
manf.close()
```

Este programa lee todos los datos de una sola vez a través de la red y los almacena en la variable `img` en la memoria principal de tu equipo, luego abre el fichero `portada.jpg` y escribe los datos en el disco. Esto funcionará sólo si el tamaño del fichero es menor que el tamaño de la memoria de tu PC.

Sin embargo, si se trata de un fichero enorme de audio o video, el programa puede fallar, o al menos funcionar extremadamente lento cuando el equipo se quede sin memoria. Para evitar agotar la memoria, vamos a recuperar los datos en bloques (o buffers), y luego escribiremos cada bloque en el disco antes de recuperar el siguiente. De este modo el programa podrá leer archivos de cualquier tamaño sin usar toda la memoria del equipo.

```
import urllib

img = urllib.urlopen('http://www.py4inf.com/cover.jpg')
manf = open('portada.jpg', 'w')
tamano = 0
while True:
    info = img.read(100000)
    if len(info) < 1 : break
    tamano = tamano + len(info)
    manf.write(info)

print tamano,'caracteres copiados.'
manf.close()
```

En este ejemplo, leemos solamente 100.000 caracteres cada vez y luego escribimos esos caracteres en el archivo `portada.jpg`, antes de recuperar los 100.000 caracteres siguientes de datos desde la web.

El programa funciona de este modo:

```
python curl2.py
568248 caracteres copiados.
```

Si tienes un equipo con Unix o Macintosh, probablemente tendrás un comando incorporado en tu sistema operativo que puede realizar esa misma operación de este modo:

```
curl -O http://www.py4inf.com/cover.jpg
```

El comando `curl` es la abreviatura de "copy URL" y por eso estos dos ejemplos se han llamado astutamente `curl1.py` y `curl2.py` en `www.py4inf.com/code`, ya que implementan una funcionalidad similar a la del comando `curl`. Existe también un programa de ejemplo `curl3.py` que realiza la misma tarea de forma un poco más eficiente, en caso de que quieras usar de verdad este diseño en algún programa que estés escribiendo.

12.9. Glosario

BeautifulSoup: Una librería Python para analizar documentos HTML y extraer datos de ellos, que compensa la mayoría de las imperfecciones que los navegadores HTML normalmente ignoran. Puedes descargar el código de BeautifulSoup desde `www.crummy.com`.

puerto: Un número que generalmente indica con qué aplicación estás contactando cuando realizas una conexión con un socket en un servidor. Por ejemplo, el tráfico web normalmente usa el puerto 80, mientras que el tráfico del correo electrónico usa el puerto 25.

rastrear: La acción de un motor de búsqueda web que consiste en recuperar una página y luego todas las páginas enlazadas por ella, continuando así sucesivamente hasta que tienen casi todas las páginas de Internet, que usan a continuación para construir su índice de búsqueda.

socket: Una conexión de red entre dos aplicaciones, en la cual dichas aplicaciones pueden enviar y recibir datos en ambas direcciones.

scrape (rascado): Cuando un programa simula ser un navegador web y recupera una página web, para luego realizar una búsqueda en su contenido. A menudo los programas siguen los enlaces en una página para encontrar la siguiente, de modo que pueden atravesar una red de páginas o una red social.

12.10.   Ejercicios

Ejercicio 12.1 Cambia el programa del socket `socket1.py` para que le pida al usuario la URL, de modo que pueda leer cualquier página web. Puedes usar `split('/')` para dividir la URL en las partes que la componen, de modo que puedas extraer el nombre del host para la llamada a `connect` del socket. Añade comprobación de errores, usando `try` y `except` para contemplar la posibilidad de que el usuario introduzca una URL mal formada o inexistente.

Ejercicio 12.2 Cambia el programa del socket para que cuente el número de caracteres que ha recibido y se detenga, con un texto en pantalla, después de que se hayan mostrado 3000 caracteres. El programa debe recuperar el documento completo y contar el número total de caracteres, mostrando ese total al final del documento.

Ejercicio 12.3 Usa `urllib` para rehacer el ejercicio anterior de modo que (1) reciba el documento de una URL, (2) muestre hasta 3000 caracteres, y (3) cuente la cantidad total de caracteres en el documento. No te preocupes de las cabeceras en este ejercicio, muestra simplemente los primeros 3000 caracteres del contenido del documento.

Ejercicio 12.4 Cambia el programa `urllinks.py` para extraer y contar las etiquetas de párrafo (p) del documento HTML recuperado y mostrar el total de párrafos como salida del programa. No muestres el texto de los párrafos, sólo cuéntalos. Prueba el programa en varias páginas web pequeñas, y también en otras más grandes.

Ejercicio 12.5 (Avanzado) Cambia el programa del socket, de modo que sólo muestre los datos después de que se haya recibido la cabecera y la línea en blanco. Recuerda que `recv` va recibiendo caracteres (saltos de línea incluidos), y no líneas.

Capítulo 13

Uso de servicios web

Una vez que recuperar documentos a través de HTTP y analizarlos usando programas se convirtió en algo sencillo, no se tardó demasiado en desarrollar un modelo consistente en la producción de documentos específicamente diseñados para ser consumidos por otros programas (es decir, no únicamente HTML para ser mostrado en un navegador).

Existen dos formatos habituales que se usan para el intercambio de datos a través de la web. El "eXtensible Markup Language" (lenguaje extensible de marcas), o XML, ha sido utilizado durante mucho tiempo, y es el más adecuado para intercambiar datos del tipo-documento. Cuando los programas simplemente quieren intercambiar unos con otros diccionarios, listas u otra información interna, usan "JavaScript Object Notation" (Notación de Objetos Javascript), o JSON (consulta www.json.org). Nosotros vamos a revisar ambos formatos.

13.1.   eXtensible Markup Language - XML

XML tiene un aspecto muy parecido a HTML, pero XML está más estructurado. Esto es un ejemplo de un documento XML:

```
<persona>
  <nombre>Chuck</nombre>
  <telefono tipo="intl">
     +1 734 303 4456
   </telefono>
   <email oculto="si"/>
</persona>
```

A veces resulta útil pensar en un documento XML como en la estructura de un árbol, donde hay una etiqueta superior persona, y otras etiquetas como telefono que se dibujan como *hijas* de sus nodos padres.

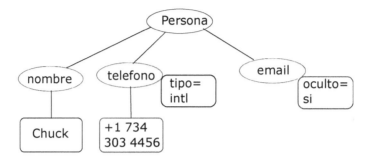

13.2. Análisis de XML

He aquí una aplicación sencilla que analiza el XML anterior y extrae algunos
elementos de él:

```
import xml.etree.ElementTree as ET

datos = '''
<persona>
  <nombre>Chuck</nombre>
  <telefono tipo="intl">
     +1 734 303 4456
   </telefono>
   <email oculto="si"/>
</persona>'''

arbol = ET.fromstring(datos)
print 'Nombre:',arbol.find('nombre').text
print 'Attr:',arbol.find('email').get('oculto')
```

La llamada a `fromstring` convierte la representación de cadena del XML en un
"árbol" de nodos XML. Una vez tenemos el XML como un árbol, disponemos de
una serie de métodos que podemos llamar para extraer porciones de datos de ese
XML.

La función `find` busca a través del árbol XML y recupera un **nodo** que coincide
con la etiqueta especificada. Cada nodo tiene cierto texto, ciertos atributos (como
en este caso "oculto"), y ciertos nodos "hijos". Cada nodo puede ser el origen de
otro árbol de nodos.

```
Nombre: Chuck
Attr: si
```

El usar un analizador de XML como `ElementTree` tiene la ventaja de que, a pesar
de que el XML de este ejemplo es bastante sencillo, resulta que hay un montón
de reglas respecto a la validez del XML, y el uso de `ElementTree` nos permite
extraer datos del XML sin preocuparnos acerca de esas reglas de sintaxis.

13.3.   Desplazamiento a través de los nodos

A menudo el XML tiene múltiples nodos y tenemos que escribir un bucle para procesarlos todos. En el programa siguiente, usamos un bucle para recorrer todos los nodos `usuario`:

```
import xml.etree.ElementTree as ET

entrada = '''
<cosas>
    <usuarios>
        <usuario x="2">
            <id>001</id>
            <nombre>Chuck</nombre>
        </usuario>
        <usuario x="7">
            <id>009</id>
            <nombre>Brent</nombre>
        </usuario>
    </usuarios>
</cosas>'''

cosas = ET.fromstring(entrada)
lst = cosas.findall('usuarios/usuario')
print 'Cantidad de usuarios:', len(lst)

for elemento in lst:
    print 'Nombre', elemento.find('nombre').text
    print 'Id', elemento.find('id').text
    print 'Atributo', elemento.get('x')
```

El método `findall` devuelve a Python una lista de subárboles que representan las estructuras `usuario` del árbol XML. A continuación podemos escribir un bucle `for` que busque en cada uno de los nodos usuario, e imprima el texto de los elementos `nombre` e `id`, además del atributo x de cada nodo `usuario`.

```
Cantidad de usuarios: 2
Nombre Chuck
Id 001
Atributo 2
Nombre Brent
Id 009
Atributo 7
```

13.4.   JavaScript Object Notation - JSON

El formato JSON se inspiró en el formato de objetos y arrays que se usa en el lenguaje JavaScript. Pero como Python se inventó antes que JavaScript, la sintaxis usada en Python para los diccionarios y listas influyeron la sintaxis de JSON. De modo que el formato del JSON es casi idéntico a la combinación de listas y diccionarios de Python.

He aquí una codificación JSON que es más o menos equivalente al XML del ejemplo anterior:

```
{
  "nombre" : "Chuck",
  "telefono" : {
    "tipo" : "intl",
    "numero" : "+1 734 303 4456"
  },
  "email" : {
    "oculto" : "si"
  }
}
```

Si te fijas, encontrarás ciertas diferencias. La primera, en XML se pueden añadir atributos como "intl" a la etiqueta "telefono". En JSON, simplemente tenemos parejas clave-valor. Además, la etiqueta "persona" de XML ha desaparecido, reemplazada por un conjunto de llaves exteriores.

En general, las estructuras JSON son más simples que las de XML, debido a que JSON tiene menos capacidades. Pero JSON tiene la ventaja de que mapea *directamente* hacia una combinación de diccionarios y listas. Y dado que casi todos los lenguajes de programación tienen algo equivalente a los diccionarios y listas de Python, JSON es un formato muy intuitivo para que dos programas que vayan a cooperar intercambien datos.

JSON se está convirtiendo rápidamente en el formato elegido para casi todos los intercambios de datos entre aplicaciones, debido a su relativa simplicidad comparado con XML.

13.5. Análisis de JSON

El JSON se construye anidando diccionarios (objetos) y listas según se necesite. En este ejemplo, vamos a representar una lista de usuarios en la cual cada usuario es un conjunto de parejas clave-valor (es decir, un diccionario). De modo que tendremos una lista de diccionarios.

En el programa siguiente, usaremos la librería integrada **json** para analizar el JSON y leer los datos. Compáralo cuidadosamente con los datos y código XML equivalentes que usamos antes. El JSON tiene menos detalles, de modo que podemos saber de antemano que vamos a obtener una lista y que la lista es de usuarios y además que cada usuario es un conjunto de parejas clave-valor. El JSON es más conciso (una ventaja), pero también es menos auto-descriptivo (una desventaja).

```
import json

entrada = '''
[
  { "id" : "001",
```

```
    "x" : "2",
    "nombre" : "Chuck"
  } ,
  { "id" : "009",
    "x" : "7",
    "nombre" : "Brent"
  }
]'''

info = json.loads(entrada)
print 'Cantidad de usuarios:', len(info)

for elemento in info:
    print 'Nombre', elemento['nombre']
    print 'Id', elemento['id']
    print 'Atributo', elemento['x']
```

Si comparas el código que extrae los datos del JSON analizado y el del XML, verás que lo que obtenemos de **json.loads()** es una lista de Python que recorreremos con un bucle `for`, y cada elemento dentro de esa lista es un diccionario de Python. Una vez analizado el JSON, podemos usar el operador índice de Python para extraer los distintos fragmentos de datos de cada usuario. No tenemos que usar la librería JSON para rebuscar a través del JSON analizado, ya que los datos devueltos son sencillamente estructuras nativas de Python.

La salida de este programa es exactamente la misma que la de la versión XML anterior.

```
Cantidad de usuarios: 2
Nombre Chuck
Id 001
Atributo 2
Nombre Brent
Id 009
Atributo 7
```

En general, hay una tendencia en la industria a apartarse del XML y pasar al JSON para los servicios web. Como el JSON es más sencillo, y se mapea de forma más directa hacia estructuras de datos nativas que ya tenemos en los lenguajes de programación, el código de análisis y extracción de datos normalmente es más sencillo y directo usando JSON. Sin embargo, XML es más auto-descriptivo, y por eso hay ciertas aplicaciones en las cuales XML mantiene su ventaja. Por ejemplo, la mayoría de los procesadores de texto almacenan sus documentos internamente usando XML en vez de JSON.

13.6. Interfaces de programación de aplicaciones

Ahora ya tenemos la capacidad de intercambiar datos entre aplicaciones usando el Protocolo de Transporte de Hipertexto (HTTP), y un modo de representar estructuras de datos complejas para poder enviar y recibir los datos entre esas aplicaciones, a través del eXtensible Markup Language (XML) o del JavaScript Object Notation (JSON).

El paso siguiente consiste en empezar a definir y documentar "contratos" entre aplicaciones usando estas técnicas. El nombre habitual para estos contratos entre aplicaciones es **Interfaces de Programación de Aplicaciones** (Application Program Interfaces), o APIs. Cuando se utiliza una API, normalmente un programa crea un conjunto de **servicios** disponibles para que los usen otras aplicaciones y publica las APIs (es decir, las "reglas") que deben ser seguidas para acceder a los servicios proporcionados por el programa.

Cuando comenzamos a construir programas con funcionalidades que incluyen el acceso a servicios proporcionados por otros, se utiliza un planteamiento llamado **Arquitectura Orientada a Servicios** (Service-Oriented Architecture), o SOA. Un planteamiento SOA es aquel en el cual nuestra aplicación principal usa los servicios de otras aplicaciones. Un planteamiento no-SOA es aquel en el cual tenemos una única aplicación independiente que contiene ella misma todo el código necesario para su implementación.

Podemos encontrar multitud de ejemplos de SOAs cuando utilizamos servicios de la web. Podemos ir a un único sitio web y reservar viajes en avión, hoteles y automóviles, todo ello desde el mismo sitio. Los datos de los hoteles no están almacenados en los equipos de la compañía aérea. En vez de eso, los equipos de la aerolínea contactan con los servicios de las máquinas de los hoteles y recuperan los datos de los alojamientos que presentan al usuario. Cuando el usuario acepta realizar una reserva de un hotel usando el sitio web de una aerolínea, ésta utiliza otro servicio web en los sistemas de los hoteles para realizar la reserva real. Y cuando llega el momento de cargar en tu tarjeta de crédito el importe de la transacción completa, hay todavía otros equipos diferentes involucrados en el proceso.

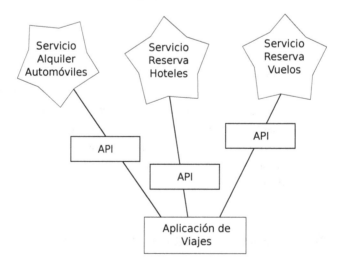

Una Arquitectura Orientada a Servicios tiene muchas ventajas, que incluyen: (1) siempre se mantiene una única copia de los datos (lo cual resulta particularmente importante en ciertas cosas como las reservas hoteleras, que no se pueden duplicar)

y (2) los propietarios de los datos pueden imponer las reglas acerca del uso de esos datos. Con estas ventajas, un sistema SOA debe ser diseñado con mucho cuidado para tener buen rendimiento y satisfacer las necesidades de los usuarios.

Cuando una aplicación ofrece un conjunto de servicios en su API disponibles a través de la web, éstos reciben el nombre de **servicios web**.

13.7. Servicio web de geocodificación de Google

Google tiene un servicio web excelente que nos permite hacer uso de su enorme base de datos de información geográfica. Podemos enviar una cadena de búsqueda geográfica, como "Ann Arbor, MI" a su API de geocodificación y conseguir que Google nos devuelva la situación en un mapa de dónde podría estar nuestra cadena de búsqueda, además de los puntos de referencia en los alrededores.

El servicio de geocodificación es gratuito, pero limitado, de modo que no se puede hacer un uso intensivo de esta API en una aplicación comercial. Pero si tienes ciertos datos estadísticos en los cuales un usuario final ha introducido una localización en formato libre en un cuadro de texto, puedes utilizar esta API para limpiar esos datos de forma bastante efectiva.

Cuando se usa una API libre, como la API de geocodificación de Google, se debe ser respetuoso con el uso de los recursos. Si hay demasiada gente que abusa del servicio, Google puede interrumpir o restringir significativamente su uso gratuito.

Puedes leer la documentación online de este servicio, pero es bastante sencillo y puedes incluso probarlo desde un navegador, simplemente tecleando la siguiente URL en él:

```
http://maps.googleapis.com/maps/api/geocode/json?sensor=false&
address=Ann+Arbor%2C+MI
```

Asegúrate de limpiar la URL y eliminar cualquier espacio de ella antes de pegarla en el navegador.

La siguiente es una aplicación sencilla que pide al usuario una cadena de búsqueda, llama a la API de geocodificación de Google y extrae información del JSON que nos devuelve.

```
import urllib
import json

urlservicio = 'http://maps.googleapis.com/maps/api/geocode/json?'

while True:
    direccion = raw_input('Introduzca ubicación: ')
    if len(direccion) < 1 : break
```

```
url = urlservicio + urllib.urlencode({'sensor':'false',
     'address': direccion})
print 'Recuperando', url
uh = urllib.urlopen(url)
datos = uh.read()
print 'Recibidos',len(datos),'caracteres'

try: js = json.loads(str(datos))
except: js = None
if 'status' not in js or js['status'] != 'OK':
    print '==== Fallo de Recuperación ===='
    print datos
    continue

print json.dumps(js, indent=4)

lat = js["results"][0]["geometry"]["location"]["lat"]
lng = js["results"][0]["geometry"]["location"]["lng"]
print 'lat',lat,'lng',lng
ubicacion = js['results'][0]['formatted_address']
print ubicacion
```

El programa toma la cadena de búsqueda y construye una URL codificándola como parámetro dentro de ella, utilizando luego **urllib** para recuperar el texto de la API de geocodificación de Google. A diferencia de una página web estática, los datos que obtengamos dependerán de los parámetros que enviemos y de los datos geográficos almacenados en los servidores de Google.

Una vez recuperados los datos JSON, los analizamos con la librería **json** y realizamos unas pequeñas comprobaciones para asegurarnos de que hemos recibido datos válidos. Finalmente, extraemos la información que estábamos buscando.

La salida del programa es la siguiente (parte del JSON recibido ha sido eliminado):

```
$ python geojson.py
Introduzca ubicación: Ann Arbor, MI
Recuperando http://maps.googleapis.com/maps/api/
  geocode/json?sensor=false&address=Ann+Arbor%2C+MI
Recibidos 1669 caracteres
{
    "status": "OK",
    "results": [
        {
            "geometry": {
                "location_type": "APPROXIMATE",
                "location": {
                    "lat": 42.2808256,
                    "lng": -83.7430378
                }
            },
            "address_components": [
                {
                    "long_name": "Ann Arbor",
                    "types": [
```

```
                    "locality",
                    "political"
                ],
                "short_name": "Ann Arbor"
            }
        ],
        "formatted_address": "Ann Arbor, MI, USA",
        "types": [
            "locality",
            "political"
        ]
    }
  ]
}
lat 42.2808256 lng -83.7430378
Ann Arbor, MI, USA
Introduce ubicación:
```

Puedes descargar `www.py4inf.com/code/geojson.py` y `www.py4inf.com/code/geoxml.py` para revisar las variantes JSON y XML de la API de geocodificación de Google.

13.8. Seguridad y uso de APIs

Resulta bastante frecuente que se necesite algún tipo de "clave API" para hacer uso de una API comercial. La idea general es que ellos quieren saber quién está usando sus servicios y cuánto los utiliza cada usuario. Tal vez tienen distintos niveles (gratuitos y de pago) de sus servicios, o una política que limita el número de peticiones que un único usuario puede realizar durante un determinado periodo de tiempo.

En ocasiones, una vez que tienes tu clave API, tan sólo debes incluirla como parte de los datos POST, o tal vez como parámetro dentro de la URL que usas para llamar a la API.

Otras veces, el vendedor quiere aumentar la seguridad del origen de las peticiones, de modo que además espera que envíes mensajes firmados criptográficamente, usando claves compartidas y secretas. Una tecnología muy habitual que se utiliza para firmar peticiones en Internet se llama **OAuth**. Puedes leer más acerca del protocolo OAuth en `http://www.oauth.net`.

A medida que la API de Twitter ha ido haciéndose más valiosa, Twitter ha pasado de una API abierta y pública a una API que necesita el uso de firmas OAuth en cada solicitud. Afortunadamente, aún hay unas cuantas librerías OAuth útiles y gratuitas, de modo que te puedes ahorrar el tener que escribir una implementación OAuth desde cero leyendo las especificaciones. Estas librerías tienen una complejidad variable y varios niveles distintos en cuanto a variedad de características. El sitio web OAuth tiene información sobre varias librerías OAuth.

Para el programa de ejemplo siguiente, descargaremos los ficheros **twurl.py**, **hidden.py**, **oauth.py**, y **twitter1.py** desde `www.py4inf.com/code`, y los pondremos todos juntos en una carpeta de tu equipo.

Para usar estos programas debes tener una cuenta de Twitter, y autorizar a tu código Python como aplicación permitida, estableciendo diversos parámetros (key, secret, token y token secret). Luego deberás editar el archivo **hidden.py** y colocar esas cuatro cadenas en las variables apropiadas dentro del fichero:

```
def auth() :
    return { "consumer_key" : "h7L...GNg",
        "consumer_secret" : "dNK...7Q",
        "token_key" : "101...GI",
        "token_secret" : "H0yM...Bo" }
```

Se puede acceder al servicio web de Twitter mediante una URL como ésta:

`https://api.twitter.com/1.1/statuses/user_timeline.json`

Pero una vez que se ha añadido toda la información de seguridad, la URL se parecerá más a esto:

```
https://api.twitter.com/1.1/statuses/user_timeline.json?count=2
&oauth_version=1.0&oauth_token=101...SGI&screen_name=drchuck
&oauth_nonce=09239679&oauth_timestamp=1380395644
&oauth_signature=rLK...BoD&oauth_consumer_key=h7Lu...GNg
&oauth_signature_method=HMAC-SHA1
```

Puedes leer la especificación OAuth si quieres saber más acerca del significado de los distintos parámetros que hemos añadido para cumplir con los requerimientos de seguridad de OAuth.

Para los programas que ejecutamos con Twitter, ocultamos toda la complejidad dentro de los archivos **oauth.py** y **twurl.py**. Simplemente ajustamos los parámetros secretos en **hidden.py**, luego enviamos la URL deseada a la función **twurl.augment()** y el código de la librería añade todos los parámetros necesarios a la URL por nosotros.

Este programa (**twitter1.py**) recupera la línea de tiempo de un usuario de Twitter concreto y nos la devuelve en formato JSON como una cadena. Vamos a imprimir simplemente los primeros 250 caracteres de esa cadena:

```
import urllib
import twurl

TWITTER_URL='https://api.twitter.com/1.1/statuses/user_timeline.json'

while True:
    print ''
    cuenta = raw_input('Introduzca Cuenta de Twitter:')
    if ( len(cuenta) < 1 ) : break
    url = twurl.augment(TWITTER_URL,
        {'screen_name': cuenta, 'count': '2'} )
```

```
print 'Recuperando', url
conexion = urllib.urlopen(url)
datos = conexion.read()
print datos[:250]
cabeceras = conexion.info().dict
# print cabeceras
print 'Restante', cabeceras['x-rate-limit-remaining']
```

Cuando el programa se ejecuta, produce la salida siguiente:

```
Introduzca Cuenta de Twitter:drchuck
Recuperando https://api.twitter.com/1.1/ ...
[{"created_at":"Sat Sep 28 17:30:25 +0000 2013","
id":384007200990982144,"id_str":"384007200990982144",
"text":"RT @fixpert: See how the Dutch handle traffic
intersections: http:\/\/t.co\/tIiVWtEhj4\n#brilliant",
"source":"web","truncated":false,"in_rep
Restante 178

Introduzca Cuenta de Twitter:fixpert
Recuperando https://api.twitter.com/1.1/ ...
[{"created_at":"Sat Sep 28 18:03:56 +0000 2013",
"id":384015634108919808,"id_str":"384015634108919808",
"text":"3 months after my freak bocce ball accident,
my wedding ring fits again! :)\n\nhttps:\/\/t.co\/2XmHPx7kgX",
"source":"web","truncated":false,
Restante 177

Introduzca Cuenta de Twitter:
```

Junto con los datos de la línea del tiempo, Twitter también devuelve metadatos sobre la petición, en las cabeceras de respuesta HTTP. Una cabecera en particular, **x-rate-limit-remaining**, nos informa sobre cuántas peticiones podremos hacer antes de que seamos bloqueados por un corto periodo de tiempo. Puedes ver cómo cada vez que realizamos una petición a la API nuestros intentos restantes van disminuyendo.

En el ejemplo siguiente, recuperamos los amigos de un usuario en Twitter, analizamos el JSON devuelto y extraemos parte de la información sobre esos amigos. Después de analizar el JSON e "imprimirlo bonito", realizamos un volcado completo con un justificado de cuatro caracteres, para permitirnos poder estudiar minuciosamente los datos en el caso de que queramos extraer más campos.

```
import urllib
import twurl
import json

TWITTER_URL = 'https://api.twitter.com/1.1/friends/list.json'

while True:
    print ''
    cuenta = raw_input('Introduzca Cuenta de Twitter:')
    if ( len(cuenta) < 1 ) : break
    url = twurl.augment(TWITTER_URL,
```

```
            {'screen_name': cuenta, 'count': '5'} )
    print 'Recuperando', url
    conexion = urllib.urlopen(url)
    datos = conexion.read()
    cabeceras = conexion.info().dict
    print 'Restantes', cabeceras['x-rate-limit-remaining']
    js = json.loads(datos)
    print json.dumps(js, indent=4)

    for u in js['users'] :
        print u['screen_name']
        s = u['status']['text']
        print '   ',s[:50]
```

Dado que el JSON se transforma en un conjunto de listas y diccionarios de Python, podemos usar una combinación del operador índice junto con bucles `for` para movernos a través de las estructuras de datos devueltas con muy poco código Python.

La salida del programa se parece a la siguiente (parte de los datos se han acortado para que quepa en la página):

```
Introduzca Cuenta de Twitter:drchuck
Recuperando https://api.twitter.com/1.1/friends ...
Restantes 14
{
    "next_cursor": 1444171224491980205,
    "users": [
        {
            "id": 662433,
            "followers_count": 28725,
            "status": {
                "text": "@jazzychad I just bought one .__.",
                "created_at": "Fri Sep 20 08:36:34 +0000 2013",
                "retweeted": false,
            },
            "location": "San Francisco, California",
            "screen_name": "leahculver",
            "name": "Leah Culver",
        },
        {
            "id": 40426722,
            "followers_count": 2635,
            "status": {
                "text": "RT @WSJ: Big employers like Google ...",
                "created_at": "Sat Sep 28 19:36:37 +0000 2013",
            },
            "location": "Victoria Canada",
            "screen_name": "_valeriei",
            "name": "Valerie Irvine",
    ],
    "next_cursor_str": "1444171224491980205"
}
leahculver
    @jazzychad I just bought one .__.
```

```
_valeriei
    RT @WSJ: Big employers like Google, AT&amp;T are h
ericbollens
    RT @lukew: sneak peek: my LONG take on the good &a
halherzog
    Learning Objects is 10. We had a cake with the LO,
scweeker
    @DeviceLabDC love it! Now where so I get that "etc

Introduzca Cuenta de Twitter:
```

El último trozo de la salida es donde podemos ver cómo el bucle for lee los cinco "amigos" más nuevos de la cuenta de Twitter del **drchuck** e imprime el estado más reciente de cada uno de ellos. Hay muchos más datos disponibles en el JSON devuelto. Si miras la salida del programa, podrás ver que el "encuentra a los amigos" de una cuenta particular tiene una limitación de usos distinta a la del número de consultas de líneas de tiempo que está permitido realizar durante un periodo de tiempo.

Estas claves de seguridad de la API permiten a Twitter tener la certeza de que sabe quién está usando su API de datos, y a qué nivel. El planteamiento del límite de usos nos permite hacer captaciones de datos sencillas e individuales, pero no nos permite crear un producto que extraiga datos de esa API millones de veces al día.

13.9. Glosario

API: Interfaz de Programación de Aplicaciones - Un contrato entre aplicaciones que define las pautas de interacción entre los componentes de dos aplicaciones.

ElementTree: Una librería interna de Python que se utiliza para analizar datos XML.

JSON: Notación de Objetos JavaScript. Un formato que permite el envío de estructuras de datos basadas en la sintaxis de los Objetos JavaScript.

SOA: Arquitectura Orientada a Servicios. Cuando una aplicación está formada por componentes conectados a través de una red.

XML: Lenguaje de Marcas eXtensible. Un formato que permite el envío de datos estructurados.

13.10. Ejercicios

Ejercicio 13.1 Modifica el programa `www.py4inf.com/code/geojson.py`, o bien `www.py4inf.com/code/geoxml.py` para imprimir en pantalla el código de país de dos caracteres de los datos recuperados. Añade comprobación de errores, de modo que tu programa no rastree los datos si el código del país no está presente. Una vez que lo tengas funcionando, busca "Océano Atlántico" y asegúrate de que es capaz de gestionar ubicaciones que no están dentro de ningún país.

Capítulo 14

Bases de datos y SQL

14.1. ¿Qué es una base de datos?

Una **base de datos** es un archivo que está organizado para almacenar datos. La mayoría de las bases de datos están organizadas como diccionarios, en el sentido de que realizan asociaciones entre claves y valores. La diferencia más importante es que la base de datos se encuentra en el disco (u otro almacenamiento permanente), de modo que su contenido se conserva después de que el programa finaliza. Gracias a que la base de datos se guarda en un almacenamiento permanente, puede almacenar muchos más datos que un diccionario, que está limitado al tamaño de la memoria que tenga el equipo.

Como un diccionario, el software de una base de datos está diseñado para conseguir que la inserción y acceso a los datos sean muy rápidos, incluso para grandes cantidades de datos. Este software mantiene su rendimiento mediante la construcción de **índices**, como datos añadidos a la base de datos que permiten al equipo saltar rápidamente hasta una entrada concreta.

Existen muchos sistemas de bases de datos diferentes, que se utilizan para una amplia variedad de propósitos. Algunos de ellos son: Oracle, MySQL, Microsoft SQL Server, PostgreSQL, y SQLite. En este libro nos centraremos en SQLite, ya que se trata de una base de datos muy habitual y ya viene integrada dentro de Python. SQLite está diseñada para ser *incrustada* dentro de otras aplicaciones, de modo que proporcione soporte para bases de datos dentro de la aplicación. Por ejemplo, el navegador Firefox es uno de los que utilizan la base de datos SQLite internamente, al igual que muchos otros productos.

```
http://sqlite.org/
```

SQLite es muy adecuado para ciertos problemas de manipulación de datos que nos encontramos en informática, como en la aplicación de rastreo de Twitter que hemos descrito en el capítulo anterior.

14.2.   Conceptos sobre bases de datos

Cuando se ve por primera vez una base de datos, se parece a una hoja de cálculo
con múltiples hojas. Las estructuras de datos primarias en una base de datos son:
tablas, **filas**, y **columnas**.

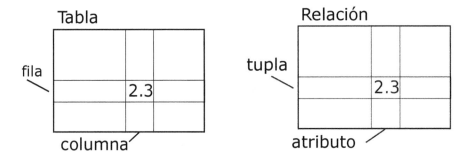

En las descripciones técnicas de las bases de datos relacionales, los conceptos
de tabla, fila y columna reciben los nombres más formales de **relación**, **tupla**,
y **atributo** respectivamente. Nosotros a lo largo de este capítulo usaremos los
términos menos formales.

14.3.   Add-on de Firefox para gestión de SQLite

A pesar de que en este capítulo nos centraremos en el uso de Python para trabajar
con datos en archivos de bases de datos SQLite, hay muchas operaciones que
pueden realizarse de forma más eficaz usando un add-on para Firefox llamado
SQLite Database Manager, que se puede descargar libremente desde:

`https://addons.mozilla.org/en-us/firefox/addon/sqlite-manager/`

Utilizando el navegador se pueden crear tablas con facilidad, insertar y editar datos
o ejecutar consultas SQL sencillas sobre la base de datos.

En cierto sentido, el gestor de base de datos es parecido a un editor de texto que
trabaja con archivos de texto. Cuando quieres realizar uno o dos cambios en un
archivo de texto, lo más sencillo es abrirlo en un editor de texto y realizar los
cambios que quieres. Cuando debes realizar muchas modificaciones en el archivo,
a menudo habrá que escribir un programa en Python sencillo. El mismo enfoque
se puede aplicar al trabajo con bases de datos. Se realizarán las operaciones más
sencillas en el gestor de bases de datos, y para otras más complejas será más
conveniente usar Python.

14.4. Creación de una tabla en una base de datos

Las bases de datos necesitan una estructura más definida que las listas o diccionarios de Python[1].

Cuando se crea una **tabla**, se debe indicar de antemano a la base de datos los nombres de cada una de las **columnas** de esa tabla y el tipo de dato que se va a almacenar en cada una de ellas. Cuando el software de la base de datos conoce el tipo de dato de cada columna, puede elegir el modo más eficiente de almacenar y buscar en ellas, basándose en el tipo de dato que contendrán.

Puedes revisar los distintos tipos de datos soportados por SQLite en la siguiente dirección:

```
http://www.sqlite.org/datatypes.html
```

El tener que definir de antemano una estructura para los datos puede parecer incómodo al principio, pero la recompensa consiste en obtener un acceso rápido a los datos, incluso cuando la base de datos contiene una gran cantidad de ellos.

El código para crear un archivo de base de datos y una tabla llamada Canciones con dos columnas en la base de datos es el siguiente:

```
import sqlite3

conn = sqlite3.connect('musica.sqlite3')
cur = conn.cursor()

cur.execute('DROP TABLE IF EXISTS Canciones ')
cur.execute('CREATE TABLE Canciones (titulo TEXT, reproducciones INTEGER)')

conn.close()
```

La operación connect realiza una "conexión" con la base de datos almacenada en el archivo musica.sqlite3 del directorio actual. Si el archivo no existe, se creará nuevo. La razón de que se le llame una "conexión" es que a veces la base de datos se almacena en un "servidor de bases de datos", distinto del servidor en el cual está funcionando nuestra aplicación. En nuestros ejemplos, dado que son sencillos, la base de datos será simplemente un archivo local en el mismo directorio en el que está funcionando el código de Python.

Un **cursor** es como un manejador de fichero, y se puede usar para realizar operaciones en los datos almacenados en la base de datos. La llamada a cursor() es muy parecida conceptualmente a la llamada a open() cuando se está tratando con ficheros de texto.

---

[1]SQLite en realidad permite cierta flexibilidad respecto al tipo de dato que se almacena en cada columna, pero en este capítulo nosotros vamos a mantener los tipos de datos estrictos, para que los conceptos que aprendamos puedan ser igualmente aplicados a otras bases de datos como MySQL.

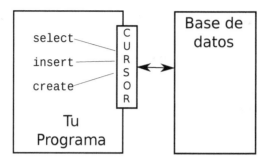

Una vez que tenemos el cursor, podemos comenzar a ejecutar comandos sobre el contenido de la base de datos, usando el método `execute()`.

Los comandos de las bases de datos se expresan en un lenguaje especial que ha sido estandarizado entre varios proveedores de bases de datos diferentes para permitirnos aprender un único lenguaje para todas ellas. Este lenguaje recibe el nombre de **Lenguaje de Consultas eStructurado** (`Structured Query Language`), o **SQL**.

`http://en.wikipedia.org/wiki/SQL`

En nuestro ejemplo, estamos ejecutando dos comandos SQL sobre la base de datos. Por convención, mostraremos las palabras claves de SQL en mayúscula y las partes de los comandos que añadamos nosotros (como los nombres de las tablas y las columnas) irán en minúsculas.

El primer comando SQL elimina la tabla `Canciones` de la base de datos si ya existe. Este planteamiento se utiliza simplemente para permitirnos ejecutar el mismo programa para crear la tabla `Canciones` una y otra vez sin provocar un error. Fíjate en que el comando `DROP TABLE` borra la tabla y todo su contenido de la base de datos (es decir, aquí no existe la opción "deshacer").

```
cur.execute('DROP TABLE IF EXISTS Canciones ')
```

El segundo comando crea un tabla llamada `Canciones` con una columna de texto llamada `titulo` y una columna de enteros llamada `reproducciones`.

```
cur.execute('CREATE TABLE Canciones (titulo TEXT, reproducciones INTEGER)')
```

Ahora que ya hemos creado la tabla llamada `Canciones`, podemos guardar algunos datos en ella usando la operación de SQL `INSERT`. Empezaremos realizando otra vez una conexión con la base de datos y obteniendo el `cursor`. Luego podremos ejecutar comandos SQL usando ese cursor.

El comando `INSERT` de SQL indica qué tabla se está utilizando y luego define una fila nueva, enumerando los campos que se desean incluir (`título`, `reproducciones`), seguidos por los valores (`VALUES`) que se desean colocar en esa fila. Nosotros vamos a especificar los valores como signos de interrogación (`?, ?`) para indicarle que los valores reales serán pasados como una tupla (`'My Way'`, `15 )` en el segundo parámetro de la llamada a `execute()`.

```
import sqlite3

conn = sqlite3.connect('musica.sqlite3')
cur = conn.cursor()

cur.execute('INSERT INTO Canciones (titulo, reproducciones) VALUES ( ?, ? )',
    ( 'Thunderstruck', 20 ) )
cur.execute('INSERT INTO Canciones (titulo, reproducciones) VALUES ( ?, ? )',
    ( 'My Way', 15 ) )
conn.commit()

print 'Canciones:'
cur.execute('SELECT titulo, reproducciones FROM Canciones')
for fila in cur :
    print fila

cur.execute('DELETE FROM Canciones WHERE reproducciones < 100')
conn.commit()

cur.close()
```

Primero insertamos (`INSERT`) dos filas en la tabla y usamos `commit()` para forzar a que los datos sean escritos en el archivo de la base de datos.

Canciones

titulo	reprod.
Thunderstruck	20
My Way	15

Después usamos el comando `SELECT` para recuperar las filas que acabamos de insertar en la tabla. En el comando `SELECT`, indicamos qué columnas nos gustaría obtener (`titulo, reproducciones`), y también desde qué tabla (`FROM`) queremos recuperar los datos. Después de ejecutar la sentencia `SELECT`, el cursor se convierte en algo con lo que podemos iterar mediante una sentencia `for`. Por eficiencia, el cursor no lee todos los datos de la base de datos cuando se ejecuta la sentencia `SELECT`. En lugar de ello, los datos van siendo leídos a medida que se van pidiendo las filas desde el bucle creado con la sentencia `for`.

La salida del programa es la siguiente:

```
Canciones:
(u'Thunderstruck', 20)
(u'My Way', 15)
```

Nuestro bucle `for` encuentra dos filas, y cada fila es una tupla de Python cuyo primer valor es el `título` y el segundo es el número de `reproducciones`. No nos preocupa que la cadena del título comience por `u'`. Se trata de una indicación de que las cadenas son del tipo **Unicode**, y por tanto capaces de almacenar conjuntos de caracteres no-latinos.

Al final del programa, ejecutamos un comando SQL para borrar (DELETE) las filas que acabamos de crear, de modo que podamos ejecutar el programa una y otra vez. El comando DELETE nos muestra el uso de la cláusula WHERE, la cual nos permite expresar un criterio de selección, de modo que podemos pedir a la base de datos que aplique el comando solamente a las filas que cumplan ese criterio. En este ejemplo, el criterio es cumplido por todas las filas, así que vaciamos la tabla para que podamos ejecutar el programa de nuevo repetidamente. Después de que se ha realizado el DELETE, llamamos de nuevo a commit() para forzar a los datos a ser eliminados de la base de datos.

14.5.   Resumen de Lenguaje de Consultas Estructurado

Hasta ahora, hemos estado usando el Lenguaje de Consultas Estructurado en nuestros ejemplos de Python y hemos utilizado muchos de los comandos básicos de SQL. En esta sección, nos centraremos en el lenguaje SQL en particular y echaremos un vistazo a su sintaxis.

A pesar de que hay muchos proveedores de bases de datos, el Lenguaje de Consultas Estructurado (SQL) está estandarizado, para que podamos comunicarnos de una forma similar con sistemas de bases de datos de múltiples vendedores.

Una base de datos relacional está compuesta por tablas, filas y columnas. Las columnas tienen generalmente un tipo de datos que puede ser texto, numérico, o fecha. Cuando se crea una tabla, se indican los nombres y tipos de cada columna.

```
CREATE TABLE Canciones (titulo TEXT, reproducciones INTEGER)
```

Para insertar una fila en una tabla, usamos el comando de SQL INSERT:

```
INSERT INTO Canciones (titulo, reproducciones) VALUES ('My Way', 15)
```

La sentencia INSERT especifica el nombre de la tabla, seguido por una lista de los campos/columnas que se quieren establecer en la fila nueva, a continuación la palabra clave VALUES, y una lista de los valores correspondientes para cada uno de los campos.

El comando de SQL SELECT se usa para recuperar filas y columnas desde una base de datos. La sentencia SELECT permite especificar qué columnas se quieren recibir, junto con una clausula WHERE para indicar qué filas se desean obtener. También permite una clausula opcional, ORDER BY para controlar el orden de las filas devueltas.

```
SELECT * FROM Canciones WHERE titulo = 'My Way'
```

El * indica que se desea que la base de datos devuelva todas las columnas para cada línea que cumpla la condición de la clausula WHERE [2].

---

[2]la consulta, traducida al español sería más o menos: SELECCIONA todas las columnas (*) DE la tabla 'Canciones' DONDE el título sea 'My Way' (Nota del trad.)

Fíjate que, a diferencia de lo que ocurre en Python, en SQL la clausula WHERE utiliza un único signo igual para indicar una comprobación de igualdad, en lugar de utilizar un signo doble igual. Otras operaciones lógicas que se permiten en una clausula WHERE son <, >, <=, >=, !=, junto con AND, OR y paréntesis para construir expresiones lógicas.

Se puede solicitar que las columnas devueltas vengan ordenadas por uno de los campos, de este modo:

```
SELECT titulo, reproducciones FROM Canciones ORDER BY titulo
```

Para eliminar una fila, es necesario usar una clausula WHERE en una sentencia DELETE de SQL. La clausula WHERE determina qué filas serán eliminadas:

```
DELETE FROM Canciones WHERE titulo = 'My Way'
```

Es posible actualizar (UPDATE) una columna o varias de una o más filas en una tabla usando la sentencia de SQL UPDATE, como se muestra a continuación:

```
UPDATE Canciones SET reproducciones = 16 WHERE titulo = 'My Way'
```

La sentencia UPDATE especifica una tabla, a continuación una lista de campos y valores a cambiar detrás de la palabra clave SET, y finalmente una clausula opcional WHERE para elegir las filas que van a ser actualizadas. Una única sentencia UPDATE cambiará todas las filas que coincidan con la clausula WHERE. Si no se ha especificado ninguna clausula WHERE, se realizará la actualización de todas las filas de la tabla.

Existen cuatro comandos básicos de SQL (INSERT, SELECT, UPDATE y DELETE), que nos permiten realizar las cuatro operaciones básicas necesarias para crear y mantener datos.

14.6. Rastreo en Twitter usando una base de datos

En esta sección, crearemos un programa araña sencillo que se moverá a través de cuentas de Twitter y construirá una base de datos de ellas.

Nota: Ten mucho cuidado al ejecutar este programa. Si extraes demasiados datos o ejecutas el programa durante demasiado tiempo pueden terminar cortándote el acceso a Twitter.

Uno de los problemas de cualquier tipo de programa araña es que se necesita poderlo detener y volver a poner en marcha muchas veces, y no se quieren perder los datos que se hayan recuperado hasta ese momento. No querrás tener que empezar siempre la recuperación de datos desde el principio, de modo que necesitaremos almacenar los datos según los vamos recuperando para que nuestro programa pueda usar esa copia de seguridad y reanudar su recogida de datos desde donde lo dejó la última vez.

Empezaremos por recuperar los amigos de Twitter de una persona y sus estados, moviéndonos a través de la lista de amigos y añadiendo cada uno de ellos a la base de datos para poder recuperarlos en el futuro. Después de haber procesado todos los amigos de esa persona, consultaremos la base de datos y recuperaremos los amigos de uno de esos amigos. Continuaremos haciendo esto una y otra vez, recogiendo cualquier persona "no visitada", recuperando su lista de amigos y añadiendo aquellos que no tengamos ya en nuestra lista para una próxima visita.

También contabilizaremos cuántas veces hemos visto un amigo concreto en la base de datos, para tener una idea de su "popularidad".

Estamos almacenando nuestra lista de cuentas de conocidos, si hemos recuperado una cuenta o no, y la popularidad de cada cuenta. Al tener todo ello guardado en una base de datos en nuestro PC, podremos detener y reanudar el programa tantas veces como queramos.

Este programa es un poco complejo. Está basado en el código de un ejercicio anterior del libro que usa la API de Twitter.

Aquí está el código fuente para nuestra aplicación araña de Twitter:

```
import urllib
import twurl
import json
import sqlite3

TWITTER_URL = 'https://api.twitter.com/1.1/friends/list.json'

conn = sqlite3.connect('arana.sqlite3')
cur = conn.cursor()

cur.execute('''
CREATE TABLE IF NOT EXISTS Twitter
(nombre TEXT, recuperado INTEGER, amigos INTEGER)''')

while True:
    cuenta = raw_input('Introduzca una cuenta de Twitter o salir: ')
    if ( cuenta == 'salir' ) : break
    if ( len(cuenta) < 1 ) :
        cur.execute('SELECT nombre FROM Twitter WHERE recuperado = 0 LIMIT 1')
        try:
            cuenta = cur.fetchone()[0]
        except:
            print 'No se han encontrado cuentas de Twitter por recuperar'
            continue

    url = twurl.augment(TWITTER_URL,
            {'screen_name': cuenta, 'count': '20'} )
    print 'Recuperando', url
    conexion = urllib.urlopen(url)
    datos = conexion.read()
    cabeceras = conexion.info().dict
    # print 'Restante', cabeceras['x-rate-limit-remaining']
```

```
js = json.loads(data)
# print json.dumps(js, indent=4)

cur.execute('UPDATE Twitter SET recuperado=1 WHERE nombre = ?', (cuenta, ) )

contnuevas = 0
contantiguas = 0
for u in js['users'] :
    amigo = u['screen_name']
    print amigo
    cur.execute('SELECT amigos FROM Twitter WHERE nombre = ? LIMIT 1',
        (amigo, ) )
    try:
        contador = cur.fetchone()[0]
        cur.execute('UPDATE Twitter SET amigos = ? WHERE nombre = ?',
            (contador+1, amigo) )
        contantiguas = contantiguas + 1
    except:
        cur.execute('''INSERT INTO Twitter (nombre, recuperado, amigos)
            VALUES ( ?, 0, 1 )''', ( amigo, ) )
        contnuevas = contnuevas + 1
print 'Cuentas nuevas=',contnuevas,' ya visitadas=',contantiguas
conn.commit()
```

```
cur.close()
```

Nuestra base de datos está almacenada en el archivo `arana.sqlite3` y tiene una tabla llamada `Twitter`. Cada fila en la tabla `Twitter` contiene una columna para el nombre de la cuenta, otra para indicar si hemos recuperado los amigos de esa cuenta, y otra para guardar cuántas veces se ha visto esa cuenta añadida en la lista de amigos de las demás.

En el bucle principal del programa, pedimos al usuario el nombre de una cuenta de Twitter o "salir" para finalizar el programa. Si el usuario introduce una cuenta de Twitter, recuperamos la lista de amigos de ese usuario y sus estados, y añadimos cada amigo a la base de datos, si no estaba ya en ella. Si el amigo ya estaba en la lista, aumentamos en 1 el campo `amigos` en la fila correspondiente de la base de datos.

Si el usuario pulsa intro, buscamos en la base de datos la siguiente cuenta de Twitter que no haya sido aún recuperada, recuperamos los amigos de esa cuenta y sus estados, y luego los añadimos a la base de datos o los actualizamos, e incrementamos su contador de `amigos`.

Una vez hemos recuperado la lista de amigos y sus estados, nos movemos a través de los elementos `users` del JSON devuelto y recuperamos el `screen_name` (nombre a mostrar) de cada usuario. Luego usamos la sentencia `SELECT` para comprobar si ya tenemos almacenado ese nombre concreto en la base de datos y si es así recuperamos su contador de amigos (`amigos`).

```
contnuevas = 0
contantiguas = 0
```

```
    for u in js['users'] :
    amigo = u['screen_name']
    print amigo
    cur.execute('SELECT amigos FROM Twitter WHERE nombre = ? LIMIT 1',
    (amigo, ) )
    try:
    contador = cur.fetchone()[0]
    cur.execute('UPDATE Twitter SET amigos = ? WHERE nombre = ?',
    (contador+1, amigo) )
    contantiguas = contantiguas + 1
except:
    cur.execute('''INSERT INTO Twitter (nombre, recuperado, amigos)
    VALUES ( ?, 0, 1 )''', ( amigo, ) )
    contnuevas = contnuevas + 1
    print 'Cuentas nuevas=',contnuevas,' ya visitadas=',contantiguas
    conn.commit()
```

Una vez que el cursor ejecuta la sentencia SELECT, tenemos que recuperar las filas. Podríamos hacerlo con una sentencia for, pero dado que sólo estamos recuperando una única fila (LIMIT 1), podemos también usar el método fetchone() para extraer la primera (y única) fila que da como resultado la operación SELECT. Dado que fetchone() devuelve la fila como una **tupla** (incluso si sólo contiene un campo), tomamos el primer valor de la tupla mediante [0], para almacenar así dentro de la variable contador el valor del contador de amigos actual.

Si esta operación tiene éxito, usamos la sentencia UPDATE de SQL con una clausula WHERE para añadir 1 a la columna amigos de aquella fila que coincida con la cuenta del amigo. Fíjate que hay dos marcadores de posición (es decir, signos de interrogación) en el SQL, y que el segundo parámetro de execute() es una tupla de dos elementos que contiene los valores que serán sustituidos por esas interrogaciones dentro de la sentencia SQL.

Si el código en el bloque try falla, se deberá probablemente a que ningún registro coincide con lo especificado en la clausula WHERE nombre = ? de la sentencia SELECT. Así que en el bloque except, usamos la sentencia de SQL INSERT para añadir el nombre a mostrar (screen_name) del amigo a la tabla, junto con una indicación de que no lo hemos recuperado aún, y fijamos su contador de amigos a cero.

La primera vez que el programa funciona e introducimos una cuenta de Twitter, mostrará algo similar a esto:

```
Introduzca una cuenta de Twitter o salir: drchuck
Recuperando http://api.twitter.com/1.1/friends ...
Cuentas nuevas= 20  ya visitadas= 0
Introduzca una cuenta de Twitter o salir: salir
```

Dado que es la primera vez que ejecutamos el programa, la base de datos está vacía, así que creamos el fichero arana.sqlite3 y añadimos una tabla llamada Twitter a la base de datos. A continuación recuperamos algunos amigos y los añadimos a la base de datos, ya que ésta está vacía.

En este momento, tal vez sea conveniente escribir un programa de volcado de datos sencillo, para echar un vistazo a lo que hay dentro del fichero `arana.sqlite3`:

```
import sqlite3

conn = sqlite3.connect('arana.sqlite3')
cur = conn.cursor()
cur.execute('SELECT * FROM Twitter')
contador = 0
for fila in cur :
    print fila
    contador = contador + 1
print contador, 'filas.'
cur.close()
```

Este programa simplemente abre la base de datos y selecciona todas las columnas de todas las filas de la tabla `Twitter`, luego se mueve a través de las filas e imprime en pantalla su contenido.

Si lanzamos este programa después de la primera ejecución de nuestra araña de Twitter, la salida que mostrará será similar a ésta:

```
(u'opencontent', 0, 1)
(u'lhawthorn', 0, 1)
(u'steve_coppin', 0, 1)
(u'davidkocher', 0, 1)
(u'hrheingold', 0, 1)
...
20 filas.
```

Vemos una fila para cada nombre, que aún no hemos recuperado los datos de ninguno de esos nombres, y que todo el mundo en la base de datos tiene un amigo.

En este momento la base de datos muestra la recuperación de los amigos de nuestra primera cuenta de Twitter (**drchuck**). Podemos ejecutar de nuevo el programa y pedirle que recupere los amigos de la siguiente cuenta "sin procesar", simplemente pulsando intro en vez de escribir el nombre de una cuenta:

```
Introduzca una cuenta de Twitter o salir:
Recuperando http://api.twitter.com/1.1/friends ...
Cuentas nuevas= 18  ya visitadas= 2
Introduzca una cuenta de Twitter o salir:
Recuperando http://api.twitter.com/1.1/friends ...
Cuentas nuevas= 17  ya visitadas= 3
Introduzca una cuenta de Twitter o salir: salir
```

Como hemos pulsado intro (es decir, no hemos especificado otra cuenta de Twitter), se ha ejecutado el código siguiente:

```
    if ( len(cuenta) < 1 ) :
        cur.execute('SELECT nombre FROM Twitter WHERE recuperado = 0 LIMIT 1')
        try:
            cuenta = cur.fetchone()[0]
        except:
```

```
    print 'No se han encontrado cuentas de Twitter por recuperar'
    continue
```

Usamos la sentencia de SQL SELECT para obtener el nombre del primer usuario
(LIMIT 1) que aún tiene su valor de "hemos recuperado ya este usuario" a cero.
También usamos el modelo fechone()[0] en un bloque try/except para extraer el
"nombre a mostrar" (screen name) de los datos recuperados, o bien mostrar un
mensaje de error y volver al principio.

Si hemos obtenido con éxito el nombre de una cuenta que aún no había sido pro-
cesada, recuperamos sus datos de este modo:

```
    url = twurl.augment(TWITTER_URL, {'screen_name': cuenta, 'count': '20'} )
    print 'Recuperando', url
    conexion = urllib.urlopen(url)
    datos = conexion.read()
    js = json.loads(datos)

    cur.execute('UPDATE Twitter SET recuperado=1 WHERE nombre = ?', (cuenta, ) )
```

Una vez recuperados correctamente los datos, usamos la sentencia UPDATE para
poner la columna recuperado a 1, lo que indica que hemos terminado la extracción de amigos de esa cuenta. Esto impide que recuperemos los mismos datos una
y otra vez, y nos permite ir avanzando a través de la red de amigos de Twitter.

Si ejecutamos el programa de amigos y pulsamos intro dos veces para recuperar los amigos del siguiente amigo no visitado, y luego ejecutamos de nuevo el
programa de volcado de datos, nos mostrará la salida siguiente:

```
(u'opencontent', 1, 1)
(u'lhawthorn', 1, 1)
(u'steve_coppin', 0, 1)
(u'davidkocher', 0, 1)
(u'hrheingold', 0, 1)
...
(u'cnxorg', 0, 2)
(u'knoop', 0, 1)
(u'kthanos', 0, 2)
(u'LectureTools', 0, 1)
...
55 rows.
```

Podemos ver que se han guardado correctamente las visitas que hemos realizado a
lhawthorn y a opencontent. Además, las cuentas cnxorg y kthanos ya tienen
dos seguidores. A pesar de hasta ahora hemos recuperados sólo los amigos de tres
personas, (drchuck, opencontent, y lhawthorn), la tabla contiene ya 55 filas de
amigos por recuperar.

Cada vez que ejecutamos el programa y pulsamos intro, se elegirá la siguiente
cuenta no visitada (es decir, ahora la siguiente cuenta sería steve_coppin), recuperará sus amigos, los marcará como recuperados y, para cada uno de los amigos

de `steve_coppin`, o bien lo añadirá al final de la base de datos, o bien actualizará su contador de amigos si ya estaba en la tabla.

Como ves, al estar los datos del programa almacenados en el disco, dentro de una base de datos, la actividad de rastreo puede ser suspendida y reanudada tantas veces como se desee, sin que se produzca ninguna pérdida de datos.

14.7. Modelado de datos básico

La potencia real de las bases de datos relacionales se manifiesta cuando se construyen múltiples tablas y se crean enlaces entre ellas. La acción de decidir cómo separar los datos de tu aplicación en múltiples tablas y establecer las relaciones entre esas tablas recibe el nombre de **modelado de datos**. El documento de diseño que muestra las tablas y sus relaciones se llama **modelo de datos**.

El modelado de datos es una habilidad relativamente sofisticada, y en esta sección sólo introduciremos los conceptos más básicos acerca del tema. Para obtener más detalles sobre modelado de datos puedes comenzar con:

```
http://en.wikipedia.org/wiki/Relational_model
```

Supongamos que para nuestra aplicación de rastreo de Twitter, en vez de contar los amigos de una persona sin más, queremos mantener una lista de todas las relaciones entre ellos, de modo que podamos encontrar una lista de gente que esté siguiendo la cuenta de una persona concreta.

Dado que todo el mundo puede tener potencialmente muchas cuentas siguiéndole, no podemos añadir simplemente una única columna a nuestra tabla de `Twitter`. De modo que creamos una tabla nueva que realice un seguimiento de parejas de amigos. A continuación se muestra un modo sencillo de hacer una tabla de este tipo:

```
CREATE TABLE Colegas (desde_amigo TEXT, hacia_amigo TEXT)
```

Cada vez que encontremos a una persona de las que está siguiendo `drchuck`, insertaremos una fila de esta forma:

```
INSERT INTO Colegas (desde_amigo, hacia_amigo) VALUES ('drchuck', 'lhawthorn')
```

Según vayamos procesando los 20 amigos de `drchuck` que nos envía Twitter, insertaremos 20 registros con "drchuck" como primer parámetro, de modo que terminaremos duplicando la cadena un montón de veces en la base de datos.

Esta duplicación de cadenas de datos viola una de las mejores prácticas para la **normalización de bases de datos**, que básicamente consiste en que nunca se debe guardar la misma cadena más de una vez en la base de datos. Si se necesitan los datos varias veces, se debe crear una **clave** numérica para ellos y hacer referencia a los datos reales a través de esa clave.

En términos prácticos, una cadena ocupa un montón de espacio más que un entero, tanto en el disco como en la memoria del equipo, y además necesita más tiempo de procesador para ser comparada y ordenada. Si sólo se tienen unos pocos cientos de entradas, el espacio y el tiempo de procesador no importan demasiado. Pero si se tienen un millón de personas en la base de datos y la posibilidad de 100 millones de enlaces de amigos, es importante ser capaz de revisar los datos tan rápido como sea posible.

Nosotros vamos a almacenar nuestras cuentas de Twitter en una tabla llamada Personas en vez de hacerlo en la tabla Twitter que usamos en el ejemplo anterior. La tabla Personas tiene una columna adicional para almacenar la clave numérica asociada con la fila de cada usuario de Twitter. SQLite tiene una característica que permite añadir automáticamente el valor de la clave para cualquier fila que insertemos en la tabla, usando un tipo especial de datos en la columna, (INTEGER PRIMARY KEY).

Podemos, pues, crear la tabla Personas con esa columna adicional, id, como se muestra a continuación:

```
CREATE TABLE Personas
    (id INTEGER PRIMARY KEY, nombre TEXT UNIQUE, recuperado INTEGER)
```

Fíjate que ya no necesitamos mantener un contador de amigos en cada columna de la tabla Personas. Cuando elegimos INTEGER PRIMARY KEY como el tipo de la columna id, estamos indicando que queremos que SQLite controle esta columna y asigne automáticamente una clave numérica única para cada fila que insertemos. También añadimos la palabra clave UNIQUE, para indicar que no vamos a permitir a SQLite insertar dos filas con el mismo valor de nombre.

Ahora, en vez de crear la tabla Colegas como hicimos antes, crearemos una tabla llamada Seguimientos con dos columnas de tipo entero, desde_id y hacia_id, y una restricción en la tabla que consistirá en que la *combinación* de desde_id y hacia_id deberá ser única (es decir, no se podrán insertar filas en la tabla con estos valores duplicados).

```
CREATE TABLE Seguimientos
    (desde_id INTEGER, hacia_id INTEGER, UNIQUE(desde_id, hacia_id) )
```

Cuando añadimos la claúsula UNIQUE a nuestras tablas, estamos comunicando un conjunto de reglas que vamos a exigir a la base de datos que se cumplan cuando se intenten insertar registros. Estamos creando esas reglas porque le convienen a nuestro programa, como veremos dentro de un momento. Ambas reglas impiden que se cometan errores y hacen más sencillo escribir parte de nuestro código.

En esencia, al crear esta tabla Seguimientos, estamos modelando una "relación", en la cual una persona "sigue" a otra y se representa con un par de números que indican que (a) ambas personas están conectadas y (b) la dirección de la relación.

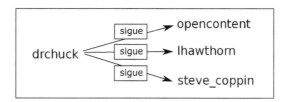

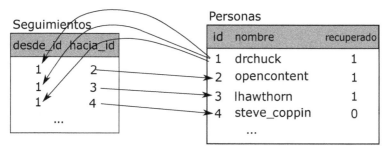

14.8.   Programación con múltiples tablas

A continuación reharemos de nuevo el programa araña de Twitter usando dos tablas, las claves primarias, y las claves de referencia, como hemos descrito antes. He aquí el código de la nueva versión del programa:

```
import urllib
import twurl
import json
import sqlite3

TWITTER_URL = 'https://api.twitter.com/1.1/friends/list.json'

conn = sqlite3.connect('amigos.sqlitesqlite3')
cur = conn.cursor()

cur.execute('''CREATE TABLE IF NOT EXISTS Personas
    (id INTEGER PRIMARY KEY, nombre TEXT UNIQUE, recuperado INTEGER)''')
cur.execute('''CREATE TABLE IF NOT EXISTS Seguimientos
    (desde_id INTEGER, hacia_id INTEGER, UNIQUE(desde_id, hacia_id))''')

while True:
    cuenta = raw_input('Introduzca una cuenta de Twitter, o salir: ')
    if ( cuenta == 'salir' ) : break
    if ( len(cuenta) < 1 ) :
        cur.execute('''SELECT id, nombre FROM Personas
            WHERE recuperado = 0 LIMIT 1''')
        try:
            (id, cuenta) = cur.fetchone()
        except:
            print 'No se han encontrado cuentas de Twitter sin recuperar'
            continue
    else:
        cur.execute('SELECT id FROM Personas WHERE nombre = ? LIMIT 1',
            (cuenta, ) )
        try:
```

```
            id = cur.fetchone()[0]
        except:
            cur.execute('''INSERT OR IGNORE INTO Personas (nombre, recuperado)
                VALUES ( ?, 0)''', ( cuenta, ) )
            conn.commit()
            if cur.rowcount != 1 :
                print 'Error insertando cuenta:',cuenta
                continue
            id = cur.lastrowid

    url = twurl.augment(TWITTER_URL,
        {'screen_name': cuenta, 'count': '20'} )
    print 'Recuperando cuenta', cuenta
    conexion = urllib.urlopen(url)
    datos = conexion.read()
    cabeceras = conexion.info().dict
    print 'Restantes', cabeceras['x-rate-limit-remaining']

    js = json.loads(datos)
    # print json.dumps(js, indent=4)

    cur.execute('UPDATE Personas SET recuperado=1 WHERE nombre = ?', (cuenta, ) )

    contnuevas = 0
    contantiguas = 0
    for u in js['users'] :
        amigo = u['screen_name']
        print amigo
        cur.execute('SELECT id FROM Personas WHERE nombre = ? LIMIT 1',
            (amigo, ) )
        try:
            amigo_id = cur.fetchone()[0]
            contantiguas = contantiguas + 1
        except:
            cur.execute('''INSERT OR IGNORE INTO Personas (nombre, recuperado)
                VALUES ( ?, 0)''', ( amigo, ) )
            conn.commit()
            if cur.rowcount != 1 :
                print 'Error al insertar cuenta:',amigo
                continue
            amigo_id = cur.lastrowid
            contnuevas = contnuevas + 1
        cur.execute('''INSERT OR IGNORE INTO Seguimientos (desde_id, hacia_id)
            VALUES (?, ?)''', (id, amigo_id) )
    print 'Cuentas nuevas=',contnuevas,' ya visitadas=',contantiguas
    conn.commit()

cur.close()
```

Este programa empieza a resultar un poco complicado, pero ilustra los patrones de diseño que debemos usar cuando utilizamos claves de enteros para enlazar tablas. Esos patrones básicos son:

1. Crear tablas con claves primarias y restricciones.

2. Cuando tenemos una clave lógica para una persona (es decir, un nombre de cuenta) y necesitamos el valor del id de esa persona, dependiendo de si esa persona ya está en la tabla Personas o no, tendremos que: (1) buscar la persona en la tabla Personas y recuperar el valor de id para esa persona, o (2) añadir la persona a la tabla Personas y obtener el valor del id para la fila recién añadida.

3. Insertar la fila que indica la relación de "seguimiento".

Iremos explicando todos los puntos de uno en uno.

14.8.1. Restricciones en tablas de bases de datos

Una vez diseñada la estructura de la tabla, podemos indicar al sistema de la base de datos que aplique unas cuantas reglas. Estas reglas nos ayudarán a evitar errores y a introducir correctamente los datos en las tablas. Cuando creamos nuestras tablas:

```
cur.execute('''CREATE TABLE IF NOT EXISTS Personas
    (id INTEGER PRIMARY KEY, nombre TEXT UNIQUE, recuperado INTEGER)''')
cur.execute('''CREATE TABLE IF NOT EXISTS Seguimientos
    (desde_id INTEGER, hacia_id INTEGER, UNIQUE(desde_id, hacia_id))''')
```

Estamos indicando que la columna nombre de la tabla Personas debe ser UNIQUE (única). Además indicamos que la combinación de los dos números de cada fila de la tabla Seguimientos debe ser también única. Estas restricciones evitan que cometamos errores como añadir la misma relación entre las mismas personas más de una vez.

Después, podemos aprovechar estas restricciones en el código siguiente:

```
cur.execute('''INSERT OR IGNORE INTO Personas (nombre, recuperado)
    VALUES ( ?, 0)''', ( amigo, ) )
```

Aquí añadimos la clausula IGNORE en la sentencia INSERT para indicar que si este INSERT en concreto causara una violación de la regla "el nombre debe ser único", el sistema de la base de datos está autorizado a ignorar el INSERT. De modo que estamos usando las restricciones de la base de datos como una red de seguridad para asegurarnos de que no hacemos algo incorrecto sin darnos cuenta.

De forma similar, el código siguiente se asegura de que no añadamos exactamente la misma relación de Seguimiento dos veces.

```
cur.execute('''INSERT OR IGNORE INTO Seguimientos
    (desde_id, hacia_id) VALUES (?, ?)''', (id, amigo_id) )
```

Aquí también estamos simplemente indicándole a la base de datos que ignore cualquier intento de INSERT si éste viola la restricción de unicidad que hemos especificado para cada fila de Seguimientos.

14.8.2.   Recuperar y/o insertar un registro

Cuando pedimos al usuario una cuenta de Twitter, si la cuenta ya existe deberemos averiguar el valor de su id. Si la cuenta no existe aún en la tabla Personas, deberemos insertar el registro y obtener el valor del id de la fila recién insertada.

Éste es un diseño muy habitual y se utiliza dos veces en el programa anterior. Este código muestra cómo se busca el id de la cuenta de un amigo, una vez extraído su screen_name desde un nodo de usuario del JSON recuperado desde Twitter.

Dado que con el tiempo será cada vez más probable que la cuenta ya figure en la base de datos, primero comprobaremos si el registro existe en Personas, usando una sentencia SELECT.

Si todo va bien[3], dentro de la sección try recuperaremos el registro mediante fetchone() y luego extraeremos el primer (y único) elemento de la tupla devuelta, que almacenaremos en amigo_id.

Si el SELECT falla, el código fetchone()[0] también fallará, y el control será transferido a la sección except.

```
amigo = u['screen_name']
cur.execute('SELECT id FROM Personas WHERE nombre = ? LIMIT 1',
    (amigo, ) )
try:
    amigo_id = cur.fetchone()[0]
    contantiguas = contantiguas + 1
except:
    cur.execute('''INSERT OR IGNORE INTO Personas (nombre, recuperado)
        VALUES ( ?, 0)''', ( amigo, ) )
    conn.commit()
    if cur.rowcount != 1 :
        print 'Error al insertar cuenta:',amigo
        continue
    amigo_id = cur.lastrowid
    contnuevas = contnuevas + 1
```

Si terminamos en el código del except, eso sólo significa que la fila no se ha encontrado en la tabla, de modo que deberemos insertarla. Usamos, pues, INSERT OR IGNORE para evitar posibles errores, y luego llamamos al commit() para forzar a la base de datos a que se actualice de verdad. Después de que se ha realizado la escritura, podemos comprobar el valor de cur.rowcount, para saber cuántas filas se han visto afectadas. Como estamos intentando insertar una única fila, si el número de filas afectadas es distinto de 1, se habría producido un error.

Si el INSERT tiene éxito, podemos usar cur.lastrowid para averiguar el valor que la base de datos ha asignado a la columna id en nuestra fila recién creada.

---

[3]En general, cuando una frase empieza por "si todo va bien" es porque el código del que se habla necesita utilizar try/except.

14.8.3. Almacenar las relaciones entre amigos

Una vez que sabemos el valor de la clave tanto para del usuario de Twitter como para el amigo que hemos extraído del JSON, resulta sencillo insertar ambos números en la tabla de `Seguimientos` con el código siguiente:

```
cur.execute('INSERT OR IGNORE INTO Seguimientos (desde_id, hacia_id) VALUES (?, ?)',
    (id, amigo_id) )
```

Fíjate que dejamos que sea la base de datos quien se ocupe de evitar la "inserción duplicada" de una relación, mediante la creación de una tabla con una restricción de unicidad, de modo que luego en nuestra sentencia `INSERT` tan sólo añadimos o ignoramos.

Una ejecución de ejemplo del programa sería la siguiente:

```
Introduzca una cuenta de Twitter, o salir:
No se han encontrado cuentas de Twitter sin recuperar
Introduzca una cuenta de Twitter, o salir: drchuck
Recuperando http://api.twitter.com/1.1/friends ...
Cuentas nuevas= 20  ya visitadas= 0
Introduzca una cuenta de Twitter, o salir:
Recuperando http://api.twitter.com/1.1/friends ...
Cuentas nuevas= 17  ya visitadas= 3
Introduzca una cuenta de Twitter, o salir:
Recuperando http://api.twitter.com/1.1/friends ...
Cuentas nuevas= 17  ya visitadas= 3
Introduzca una cuenta de Twitter, o salir: salir
```

Comenzamos con la cuenta de `drchuck` y luego dejamos que el programa escoja de forma automática las siguientes dos cuentas para recuperar y añadir a nuestra base de datos.

Las siguientes son las primeras filas de las tablas `Personas` y `Seguimientos` después de terminar la ejecución anterior:

```
Personas:
(1, u'drchuck', 1)
(2, u'opencontent', 1)
(3, u'lhawthorn', 1)
(4, u'steve_coppin', 0)
(5, u'davidkocher', 0)
55 filas.
Seguimientos:
(1, 2)
(1, 3)
(1, 4)
(1, 5)
(1, 6)
60 filas.
```

Puedes ver los campos `id`, `nombre`, y `visitado` de la tabla `Personas`, y también los números de ambos extremos de la relación en la tabla `Seguimientos`. En la tabla `Personas`, vemos que las primeras tres personas ya han sido visitadas y que sus datos han sido recuperados. Los datos de la tabla `Seguidores` indican que `drchuck` (usuario 1) es amigo de todas las personas que se muestran en las primeras cinco filas. Lo cual tiene sentido, porque los primeros datos que hemos recuperado y almacenado fueron los amigos de Twitter de `drchuck`. Si imprimieras más filas de la tabla `Seguimientos`, verías también los amigos de los usuarios 2 y 3.

14.9.   Tres tipos de claves

Ahora que hemos empezado a construir un modelo de datos, colocando nuestros datos en múltiples tablas enlazadas, y hemos enlazado las filas de esas tablas usando **claves**, debemos fijarnos en cierta terminología acerca de esas claves. Generalmente en un modelo de base de datos hay tres tipos de claves que se pueden usar:

- Una **clave lógica** es una clave que se podría usar en el "mundo real" para localizar una fila. En nuestro ejemplo de modelado de datos, el campo `nombre` es una clave lógica. Es el nombre que se muestra en pantalla para el usuario y, en efecto, usamos el campo `nombre` varias veces en el programa para localizar la fila correspondiente a un usuario. Comprobarás que a menudo tiene sentido añadir una restricción `UNIQUE` (única) a una clave lógica. Como las claves lógicas son las que usamos para buscar una fila desde el mundo exterior, tendría poco sentido permitir que hubiera múltiples filas con el mismo valor en la tabla.

- Una **clave primaria** es normalmente un número que es asignado automáticamente por la base de datos. En general no tiene ningún significado fuera del programa y sólo se utiliza para enlazar entre sí filas de tablas diferentes. Cuando queremos buscar una fila en una tabla, realizar la búsqueda usando la clave primaria es, normalmente, el modo más rápido de localizarla. Como las claves primarias son números enteros, necesitan muy poco espacio de almacenamiento y pueden ser comparadas y ordenadas muy rápido. En nuestro modelo de datos, el campo `id` es un ejemplo de una clave primaria.

- Una **clave foránea** (`foreign key`)[4] es normalmente un número que apunta a la clave primaria de una fila asociada en una tabla diferente. Un ejemplo de una clave foránea en nuestro modelo de datos es la columna `desde_id`.

Estamos usando como convención para los nombres el darle siempre al campo de clave primaria el nombre `id` y añadir el sufijo `_id` a cualquier nombre de campo que sea una clave foránea.

---

[4]A veces se puede ver también el término traducido al español como "clave externa" (Nota del trad.)

14.10. Uso de JSON para recuperar datos

Ahora que hemos cumplido con las reglas de la normalización de bases de datos y hemos separado los datos en dos tablas, enlazándolas entre sí usando claves primarias y foráncas, necesitaremos ser capaces de construir un `SELECT` que vuelva a juntar los datos esparcidos por las tablas.

SQL usa la clausula `JOIN` para volver a conectar esas tablas. En la clausula `JOIN` se especifican los campos que se utilizan para reconectar las filas entre las distintas tablas.

A continuación se muestra un ejemplo de un `SELECT` con una clausula `JOIN`:

```
SELECT * FROM Seguimientos JOIN Personas
    ON Seguimientos.desde_id = Personas.id WHERE Personas.id = 1
```

La clausula `JOIN` indica que los campos que estamos seleccionando mezclan las tablas `Seguimientos` y `Personas`. La clausula `ON` indica cómo deben ser unidas las dos tablas: Toma cada fila de `Seguimientos` y añade una fila de `Personas` en la cual el campo `desde_id` de `Seguimientos` coincide con el valor `id` en la tabla `Personas`.

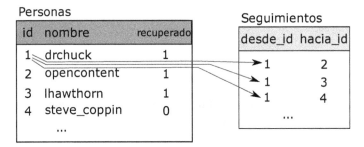

El resultado del JOIN consiste en la creación de una "meta-fila" extra larga, que contendrá tanto los campos de `Personas` como los campos de la fila de `Seguimientos` que cumplan la condición. Cuando hay más de una coincidencia entre el campo `id` de `Personas` y el `desde_id` de `Seguimientos`, JOIN creará una meta-fila para *cada una* de las parejas de filas que coincidan, duplicando los datos si es necesario.

El código siguiente muestra los datos que tendremos en la base de datos después de que el programa multi-tabla araña de Twitter anterior haya sido ejecutado varias veces.

```
import sqlite3
```

```
conn = sqlite3.connect('arana.sqlite3')
cur = conn.cursor()

cur.execute('SELECT * FROM Personas')
contador = 0
print 'Personas:'
for fila in cur :
   if contador < 5: print fila
   contador = contador + 1
print contador, 'filas.'

cur.execute('SELECT * FROM Seguimientos')
contador = 0
print 'Seguimientos:'
for fila in cur :
   if contador < 5: print fila
   contador = contador + 1
print contador, 'filas.'

cur.execute('''SELECT * FROM Seguimientos JOIN Personas
    ON Seguimientos.hacia_id = Personas.id WHERE Seguimientos.desde_id = 2''')
contador = 0
print 'Conexiones para id=2:'
for fila in cur :
   if contador < 5: print fila
   contador = contador + 1
print contador, 'filas.'

cur.close()
```

En este programa, en primer lugar volcamos el contenido de las tablas `Personas` y `Seguimientos` y a continuación mostramos un subconjunto de datos de las tablas unidas entre sí.

Aquí tenemos la salida del programa:

```
python twjoin.py
Personas:
(1, u'drchuck', 1)
(2, u'opencontent', 1)
(3, u'lhawthorn', 1)
(4, u'steve_coppin', 0)
(5, u'davidkocher', 0)
55 filas.
Seguimientos:
(1, 2)
(1, 3)
(1, 4)
(1, 5)
(1, 6)
60 filas.
Conexiones para id=2:
(2, 1, 1, u'drchuck', 1)
(2, 28, 28, u'cnxorg', 0)
(2, 30, 30, u'kthanos', 0)
```

```
(2, 102, 102, u'SomethingGirl', 0)
(2, 103, 103, u'ja_Pac', 0)
20 filas.
```

Se pueden ver las columnas de las tablas `Personas` y `Seguimientos`, seguidos del último conjunto de filas, que es el resultado del `SELECT` con la clausula `JOIN`.

En el último select, buscamos las cuentas que sean amigas de "opencontent" (es decir, de `Personas.id=2`).

En cada una de las "meta-filas" del último select, las primeras dos columnas pertenecen a la tabla `Seguimientos`, mientras que las columnas tres a cinco pertenecen a la tabla `Personas`. Se puede observar también cómo la segunda columna (`Seguimientos.hacia_id`) coincide con la tercera (`Personas.id`) en cada una de las "meta-filas" unidas.

14.11.   Resumen

En este capítulo se han tratado un montón de temas para darte una visión de conjunto del uso básico de las bases de datos en Python. Es más complicado escribir el código para usar una base de datos que almacene los datos que utilizar diccionarios de Python o archivos planos, de modo que existen pocas razones para usar una base de datos, a menos que tu aplicación necesite de verdad las capacidades que proporciona. Las situaciones en las cuales una base de datos pueden resultar bastante útil son: (1) cuando tu aplicación necesita realizar muchos cambios pequeños de forma aleatoria en un conjunto de datos grandes, (2) cuando tienes tantos datos que no caben en un diccionario y necesitas localizar información con frecuencia, o (3) cuando tienes un proceso que va a funcionar durante mucho tiempo, y necesitas poder detenerlo y volverlo a poner en marcha, conservando los datos entre ejecuciones.

Una base de datos con una simple tabla puede resultar suficiente para cubrir las necesidades de muchas aplicaciones, pero la mayoría de los problemas necesitarán varias tablas y enlaces/relaciones entre filas de tablas diferentes. Cuando empieces a crear enlaces entre tablas, es importante realizar un diseño meditado y seguir las reglas de normalización de bases de datos, para conseguir el mejor uso de sus capacidades. Como la motivación principal para usar una base de datos suele ser el tener grandes cantidades de datos con las que tratar, resulta importante modelar los datos de forma eficiente, para que tu programa funcione tan rápidamente como sea posible.

14.12.   Depuración

Un planteamiento habitual, cuando se está desarrollando un programa en Python que conecta con una base de datos SQLite, será ejecutar primero el programa y revisar luego los resultados usando el navegador de bases de datos de SQLite (SQLite Database Browser). El navegador te permite revisar cuidadosamente los datos, para comprobar si tu programa está funcionando correctamente.

Debes tener cuidado, ya que SQLite se encarga de evitar que dos programa puedan cambiar los mismos datos a la vez. Por ejemplo, si abres una base de datos en el navegador y realizas un cambio en la base de datos, pero no has pulsado aún el botón "guardar" del navegador, éste "bloqueará" el fichero de la base de datos y evitará que cualquier otro programa acceda a dicho fichero. Concretamente, en ese caso tu programa Python no será capaz de acceder al fichero, ya que éste se encontrará bloqueado.

De modo que la solución pasa por asegurarse de cerrar la ventana del navegador de la base de datos, o bien usar el menú **Archivo** para cerrar la base de datos abierta en el navegador antes de intentar acceder a ella desde Python, para evitar encontrarse con el problema de que el código de Python falla debido a que la base de datos está bloqueada.

14.13.   Glosario

atributo: Uno de los valores dentro de una tupla. Más comúnmente llamada "columna" o "campo"..

cursor: Un cursor permite ejecutar comandos SQL en una base de datos y recuperar los datos de ella. Un cursor es similar a un socket en conexiones de red o a un manejador de ficheros (handle).

clave foránea: Una clave numérica que apunta a la clave primaria de una fila en otra tabla. Las claves foráneas establecen relaciones entre filas almacenadas en tablas diferentes.

clave lógica: Una clave que el "mundo exterior" utiliza para localizar una fila concreta. Por ejemplo, en una tabla de cuentas de usuario, la dirección de e-mail de una persona sería un buen candidato a utilizar como clave lógica para los datos de ese usuario.

clave primaria: Una clave numérica asignada a cada fila, que es utilizada para referirnos a esa fila concreta de esa tabla desde otra tabla distinta. A menudo la base de datos se configura para asignar las claves primarias de forma automática, según se van insertando filas.

índice: Datos adicionales que el software de la base de datos mantiene como filas e inserta en una tabla para conseguir que las búsquedas sean muy rápidas.

navegador de base de datos: Un programa que permite conectar directamente con una base de datos y manipularla, sin tener que escribir código para ello.

normalización: Diseño de un modelado de datos de forma que no haya datos duplicados. Se almacena cada elemento de los datos en un lugar concreto de la base de datos y se referencia desde otros sitios usando una clave foránea.

relación: Un área dentro de una base de datos que contiene tuplas y atributos. Se la conoce más habitualmente como "tabla".

restricción: Cuando le pedimos a una base de datos que imponga una regla a una campo de una fila en una tabla. Una restricción habitual consiste en especificar que no pueda haber valores repetidos en un campo concreto (es decir, que todos los valores deban ser únicos).

tupla: Una entrada única en una base de datos, que es un conjunto de atributos. Se la conoce más habitualmente como "fila".

Capítulo 15

Visualización de datos

Hasta el momento, hemos estudiado en primer lugar el lenguaje de Python y luego hemos descubierto cómo usar Python, la red y las bases de datos para manipular datos.

En este capítulo, echaremos un vistazo a tres aplicaciones completas que reúnen todas esas cosas para gestionar y visualizar datos. Puedes usar estas aplicaciones como código de ejemplo que te puede servir de punto de partida para la resolución de problemas del mundo real.

Cada una de las aplicaciones es un archivo ZIP que puedes descargar, extraer en tu equipo y ejecutar.

15.1. Construcción de un mapa de Google a partir de datos geocodificados

En este proyecto usaremos la API de geocodificación de Google para limpiar varias ubicaciones geográficas de nombres de universidades introducidas por los usuarios, y luego colocaremos los datos en un mapa de Google.

Para comenzar, descarga la aplicación desde:

```
www.py4inf.com/code/geodata.zip
```

El primer problema a resolver es que la API libre de geocodificación de Google tiene como límite de uso un cierto número de peticiones diarias. Si tienes un montón de datos, necesitarás detener y reanudar el proceso de búsqueda varias veces. De modo que dividiremos el problema en dos fases.

En la primera fase, tomaremos como entrada los datos "de reconocimiento" del archivo **where.data** y los leeremos línea a línea, recuperando la información de geocodificación desde Google y almacenándola en una base de datos **geodata.sqlite**. Antes de usar la API de geocodificación para cada ubicación introducida por los usuarios, verificaremos si ya tenemos los datos para esa entrada concreta. La base de datos funcionará así como una "caché" local de datos de geocodificación, para asegurarnos de que nunca solicitamos a Google los mismos datos dos veces.

Puedes reiniciar el proceso en cualquier momento eliminando el archivo **geodata.sqlite**.

Ejecuta el programa **geoload.py**. Este programa leerá las líneas de entrada desde **where.data** y para cada línea verificará primero si ya está en la base de datos. Si no disponemos de datos para esa ubicación, llamará a la API de geocodificación para recuperarlos y los almacenará en la base de datos.

Aquí tenemos un ejemplo de ejecución cuando ya disponemos de alguna información almacenada en la base de datos:

```
Found in database  Northeastern University
Found in database  University of Hong Kong, ...
Found in database  Technion
Found in database  Viswakarma Institute, Pune, India
Found in database  UMD
Found in database  Tufts University

Resolving Monash University
Retrieving http://maps.googleapis.com/maps/api/
    geocode/json?sensor=false&address=Monash+University
Retrieved 2063 characters {    "results" : [
{u'status': u'OK', u'results': ... }

Resolving Kokshetau Institute of Economics and Management
Retrieving http://maps.googleapis.com/maps/api/
    geocode/json?sensor=false&address=Kokshetau+Inst ...
Retrieved 1749 characters {    "results" : [
{u'status': u'OK', u'results': ... }
...
```

Las primeras cinco ubicaciones ya están en la base de datos y por eso las omitimos. El programa explora hasta que encuentra ubicaciones nuevas y entonces comienza a recuperarlas.

El programa **geoload.py** puede ser detenido en cualquier momento, y dispone de un contador que puedes usar para limitar el número de llamadas a la API de geo-localización en cada ejecución. Dado que el fichero **where.data** sólo tiene unos pocos cientos de elementos, no deberías llegar al límite diario de usos, pero si tienes más datos pueden ser necesarias varias ejecuciones del programa duran-te varios días para conseguir tener todos los datos de entrada geolocalizados en nuestra base de datos.

Una vez que tienes parte de los datos cargados en **geodata.sqlite**, se pueden vi-sualizar usando el programa **geodump.py**. Este programa lee la base de datos y escribe el arhivo **where.js** con la ubicación, latitud y longitud en forma de código ejecutable JavaScript.

Una ejecución del programa **geodump.py** sería la siguiente:

```
Northeastern University, ... Boston, MA 02115, USA 42.3396998 -71.08975
Bradley University, 1501 ... Peoria, IL 61625, USA 40.6963857 -89.6160811
...
Technion, Viazman 87, Kesalsaba, 32000, Israel 32.7775 35.0216667
Monash University Clayton ... VIC 3800, Australia -37.9152113 145.134682
Kokshetau, Kazakhstan 53.2833333 69.3833333
...
12 records written to where.js
Open where.html to view the data in a browser
```

El archivo **where.html** consiste en HTML y JavaScript para mostrar un mapa de Google. Lee los datos más actuales de **where.js** para obtener los datos que se visualizarán. He aquí el formato del fichero **where.js**:

```
myData = [
[42.3396998,-71.08975, 'Northeastern Uni ... Boston, MA 02115'],
[40.6963857,-89.6160811, 'Bradley University, ... Peoria, IL 61625, USA'],
[32.7775,35.0216667, 'Technion, Viazman 87, Kesalsaba, 32000, Israel'],
   ...
];
```

Se trata de una variable JavaScript que contiene una lista de listas. La sintaxis de las listas de constantes en JavaScript es muy similar a las de Python, de modo que ésta debería resultarte familiar.

Simplemente abre **where.html** en un navegador para ver las ubicaciones. Puedes mantener el ratón sobre cada marca del mapa para ver la ubicación que la API de geocodificación ha devuelto para la entrada que el usuario introdujo. Si no puedes ver ningún dato cuando abras el fichero **where.html**, deberás verificar que tengas activado JavaScript o usar la consola de desarrollador de tu navegador.

15.2. Visualización de redes e interconexiones

En la siguiente aplicación, realizaremos algunas de las funciones de un motor de búsqueda. Primero rastrearemos una pequeña parte de la web y ejecutaremos una versión simplificada del algoritmo de clasificación que usa la página de Google para determinar qué páginas son las más visitadas. Luego visualizaremos la clasificación de las páginas y visitas de nuestro pequeño rincón de la web. Usaremos la librería de visualización de JavaScript D3 `http://d3js.org/` para generar la imagen de salida.

Puedes descargar y extraer esta aplicación desde:

```
www.py4inf.com/code/pagerank.zip
```

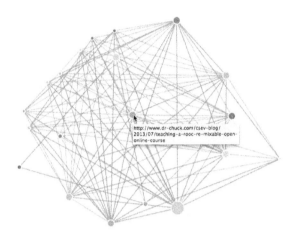

El primer programa (**spider.py**) rastrea un sitio web y envía una serie de páginas a la base de datos (**spider.sqlite**), guardando los enlaces entre páginas. Puedes reiniciar el proceso en cualquier momento eliminando el fichero **spider.sqlite** y ejecutando de nuevo **spider.py**.

```
Enter web url or enter: http://www.dr-chuck.com/
['http://www.dr-chuck.com']
How many pages:2
1 http://www.dr-chuck.com/ 12
2 http://www.dr-chuck.com/csev-blog/ 57
How many pages:
```

En esta ejecución de ejemplo, le pedimos que rastree un sitio web y que recupere dos páginas. Si reinicias el programa y le pides que rastree más páginas, no volverá a revisar aquellas que ya estén en la base de datos. En cada reinicio elegirá una página al azar no rastreada aún y comenzará allí. De modo que cada ejecución sucesiva de **spider.py** irá añadiendo páginas nuevas.

```
Enter web url or enter: http://www.dr-chuck.com/
['http://www.dr-chuck.com']
How many pages:3
3 http://www.dr-chuck.com/csev-blog 57
4 http://www.dr-chuck.com/dr-chuck/resume/speaking.htm 1
5 http://www.dr-chuck.com/dr-chuck/resume/index.htm 13
How many pages:
```

Se pueden tener múltiples puntos de partida en la misma base de datos—dentro del programa, éstos son llamados "webs". La araña elije entre todos los enlaces no visitados de las páginas existentes uno al azar como siguiente página a rastrear.

Si quieres ver el contenido del fichero **spider.sqlite**, puedes ejecutar **spdump.py**, que mostrará algo como esto:

```
(5, None, 1.0, 3, u'http://www.dr-chuck.com/csev-blog')
(3, None, 1.0, 4, u'http://www.dr-chuck.com/dr-chuck/resume/speaking.htm')
(1, None, 1.0, 2, u'http://www.dr-chuck.com/csev-blog/')
(1, None, 1.0, 5, u'http://www.dr-chuck.com/dr-chuck/resume/index.htm')
4 rows.
```

Se muestra el número de enlaces hacia la página, la clasificación antigua de la página, la clasificación nueva, el id de la página, y la url de la página. El programa **spdump.py** sólo muestra aquellas páginas que tienen al menos un enlace hacia ella.

Una vez que tienes unas cuantas páginas en la base de datos, puedes ejecutar el clasificador sobre ellas, usando el programa **sprank.py**. Simplemente debes indicarle cuántas iteraciones del clasificador de páginas debe realizar.

```
How many iterations:2
1 0.546848992536
2 0.226714939664
[(1, 0.559), (2, 0.659), (3, 0.985), (4, 2.135), (5, 0.659)]
```

Puedes volcar en pantalla el contenido de la base de datos de nuevo para ver que la clasificación de páginas ha sido actualizada:

```
(5, 1.0, 0.985, 3, u'http://www.dr-chuck.com/csev-blog')
(3, 1.0, 2.135, 4, u'http://www.dr-chuck.com/dr-chuck/resume/speaking.htm')
(1, 1.0, 0.659, 2, u'http://www.dr-chuck.com/csev-blog/')
(1, 1.0, 0.659, 5, u'http://www.dr-chuck.com/dr-chuck/resume/index.htm')
4 rows.
```

Puedes ejecutar **sprank.py** tantas veces como quieras, y simplemente irá refinando la clasificación de páginas cada vez más. Puedes incluso ejecutar **sprank.py** varias veces, luego ir a la araña **spider.py** a recuperar unas cuantas páginas más y después ejecutar de nuevo **sprank.py** para actualizar los valores de clasificación. Un motor de búsqueda normalmente ejecuta ambos programas (el rastreador y el clasificador) de forma constante.

Si quieres reiniciar los cálculos de clasificación de páginas sin tener que rastrear de nuevo las páginas web, puedes usar **spreset.py** y después reiniciar **sprank.py**.

```
How many iterations:50
1 0.546848992536
2 0.226714939664
3 0.0659516187242
4 0.0244199333
5 0.0102096489546
6 0.00610244329379
...
42 0.000109076928206
```

```
43 9.91987599002e-05
44 9.02151706798e-05
45 8.20451504471e-05
46 7.46150183837e-05
47 6.7857770908e-05
48 6.17124694224e-05
49 5.61236959327e-05
50 5.10410499467e-05
[(512, 0.0296), (1, 12.79), (2, 28.93), (3, 6.808), (4, 13.46)]
```

En cada iteración del algoritmo de clasificación de páginas se muestra el cambio medio en la clasificación de cada página. La red al principio está bastante desequilibrada, de modo que los valores de esos cambios medios de clasificación para cada página variarán a lo loco entre iteraciones. Pero después de unas cuantas iteraciones, la clasificación de páginas converge. Deberías ejecutar **prank.py** durante el tiempo suficiente para que los valores de clasificación converjan.

Si quieres visualizar las páginas mejor clasificadas hasta ese momento, ejecuta **spjson.py** para leer desde base de datos y escribir el ranking de las páginas más enlazadas en formato JSON, que puede ser visualizado en un navegador web.

```
Creating JSON output on spider.json...
How many nodes? 30
Open force.html in a browser to view the visualization
```

Puedes ver esos datos abriendo el fichero **force.html** en tu navegador. Mostrará un diseño automático de los nodos y enlaces. Puedes pinchar y arrastrar cualquier nodo y también hacer doble click sobre él para ver la URL que representa.

Si vuelves a ejecutar las otras utilidades, ejecuta de nuevo **spjson.py** y pulsa "recargar" en el navegador para obtener los datos actualizados desde **spider.json**.

15.3.   Visualización de datos de correo

Si has llegado hasta este punto del libro, ya debes de estar bastante familiarizado con nuestros ficheros de datos **mbox-short.txt** y **mbox.txt**. Ahora es el momento de llevar nuestro análisis de datos de correo electrónico al siguiente nivel.

En el mundo real, a veces se tienen que descargar datos de correo desde los servidores. Eso podría llevar bastante tiempo y los datos podrían tener inconsistencias, estar llenos de errores, y necesitar un montón de limpieza y ajustes. En esta sección, trabajaremos con la aplicación más compleja que hemos visto hasta ahora, que descarga casi un gigabyte de datos y los visualiza.

Puedes descargar la aplicación desde:

```
www.py4inf.com/code/gmane.zip
```

Utilizaremos los datos de un servicio de archivo de listas de correo electrónico libre, llamado `www.gmane.org`. Este servicio es muy popular en proyectos de código abierto, debido a que proporciona un buen almacenaje con capacidad de búsqueda de su actividad de correo. También tienen una política muy liberal respecto al acceso a los datos a través de su API. No tienen límites de acceso, pero te piden que no sobrecargues su servicio y descargues sólo aquellos datos que necesites. Puedes leer los términos y condiciones de gmane en su página:

```
http://gmane.org/export.php
```

Es muy importante que hagas uso de los datos de gname.org con responsabilidad, añadiendo retrasos en tus accesos a sus servicios y extendiendo la realización de los procesos de larga duración a periodos de tiempo lo suficientemente largos. No abuses de este servicio libre y lo estropees para los demás.

Cuando se usa este software para rastrear los datos de correo de Sakai, se genera casi un Gigabyte de datos y se necesita una cantidad considerable de ejecuciones durante varios días. El archivo **README.txt** del ZIP anterior contiene instrucciones sobre cómo descargar una copia pre-rastreada del fichero **content.sqlite** con la mayor parte del contenido de los correos de Sakai, de modo que no tengas que rastrear durante cinco días sólo para hacer funcionar los programas. Aunque descargues el contenido pre-rastreado, deberías ejecutar el proceso de rastreo para recuperar los mensajes más recientes.

El primer paso es rastrear el repositorio gmane. La URL base se puede modificar en **gmane.py**, y por defecto apunta a la lista de desarrolladores de Sakai. Puedes rastrear otro repositorio cambiando la url base. Asegúrate de borrar el fichero **content.sqlite** si realizas el cambio de url.

El fichero **gmane.py** opera como una araña caché responsable, que funciona despacio y recupera un mensaje de correo por segundo para evitar ser bloqueado por gmane. Almacena todos sus datos en una base de datos y puede ser interrumpido y reanudado tantas veces como sean necesarias. Puede llevar muchas horas descargar todos los datos. De modo que tendrás que reanudarlo varias veces.

He aquí una ejecución de **gmane.py** recuperando los últimos cinco mensajes de la lista de desarrolladores de Sakai:

```
How many messages:10
http://download.gmane.org/gmane.comp.cms.sakai.devel/51410/51411 9460
    nealcaidin@sakaifoundation.org 2013-04-05 re: [building ...
http://download.gmane.org/gmane.comp.cms.sakai.devel/51411/51412 3379
    samuelgutierrezjimenez@gmail.com 2013-04-06 re: [building ...
http://download.gmane.org/gmane.comp.cms.sakai.devel/51412/51413 9903
    da1@vt.edu 2013-04-05 [building sakai] melete 2.9 oracle ...
http://download.gmane.org/gmane.comp.cms.sakai.devel/51413/51414 349265
    m.shedid@elraed-it.com 2013-04-07 [building sakai] ...
http://download.gmane.org/gmane.comp.cms.sakai.devel/51414/51415 3481
    samuelgutierrezjimenez@gmail.com 2013-04-07 re: ...
http://download.gmane.org/gmane.comp.cms.sakai.devel/51415/51416 0

Does not start with From
```

El programa revisa **content.sqlite** desde el principio hasta que encuentra un número de mensaje que aún no ha sido rastreado y comienza a partir de ahí. Continúa rastreando hasta que ha recuperado el número deseado de mensajes o hasta que llega a una página que no contiene un mensaje adecuadamente formateado.

A veces `gmane.org` no encuentra un mensaje. Tal vez los administradores lo borraron, o quizás simplemente se perdió. Si tu araña se detiene, y parece que se atasca en un mensaje que no puede localizar, entra en el SQLite Manager, añade una fila con el id perdido y los demás campos en blanco y reanuda **gmane.py**. Así se desbloqueará el proceso de rastreo y podrá continuar. Esos mensajes vacíos serán ignorados en la siguiente fase del proceso.

Algo bueno es que una vez que has rastreado todos los mensajes y los tienes en **content.sqlite**, puedes ejecutar **gmane.py** otra vez para obtener los mensajes nuevos según van siendo enviados a la lista.

Los datos en **content.sqlite** están guardados en bruto, con un modelado de datos ineficiente y sin comprimir. Esto se ha hecho así intencionadamente, para permitirte echar un vistazo en **content.sqlite** usando el SQLite Manager y depurar problemas con el proceso de rastreo. Sería mala idea ejecutar cualquier consulta sobre esta base de datos, ya que puede resultar bastante lenta.

El segundo proceso consiste en ejecutar el programa **gmodel.py**. Este programa lee los datos en bruto de **content.sqlite** y produce una versión limpia y bien modelada de los datos, que envía al fichero **index.sqlite**. Este fichero es mucho más pequeño (puede ser 10 veces menor) que **content.sqlite**, porque también comprime la cabecera y el texto del cuerpo.

Cada vez que **gmodel.py** se ejecuta, borra y reconstruye **index.sqlite**, permitiéndote ajustar sus parámetros y editar las tablas de asignación de **content.sqlite**

para ajustar el proceso de limpieza de datos. Esto es un ejemplo de ejecución de
gmodel.py. El programa imprime una línea en pantalla cada vez que son proce-
sados 250 mensajes de correo para que puedas ver su evolución, ya que puede
quedarse funcionando durante un buen rato mientras procesa alrededor de un Gigabyte de datos de correo.

```
Loaded allsenders 1588 and mapping 28 dns mapping 1
1 2005-12-08T23:34:30-06:00 ggolden22@mac.com
251 2005-12-22T10:03:20-08:00 tpamsler@ucdavis.edu
501 2006-01-12T11:17:34-05:00 lance@indiana.edu
751 2006-01-24T11:13:28-08:00 vrajgopalan@ucmerced.edu
...
```

El programa **gmodel.py** realiza varias labores de limpieza de datos.

Los nombres de dominio son truncados a dos niveles para .com, .org, .edu y
.net. Otros nombres de dominio son truncados a tres niveles. De modo que
si.umich.edu se transforma en umich.edu, y caret.cam.ac.uk queda como
cam.ac.uk. Las direcciones de correo electrónico también son transformadas a
minúsculas, y algunas de las direcciones de @gmane.org, como las siguientes

```
arwhyte-63aXycvo3TyHXe+LvDLADg@public.gmane.org
```

son convertidas en direcciones reales, cuando esa dirección de correo real existe
en otra parte del cuerpo del mensaje.

En la base de datos **content.sqlite** existen dos tablas que te permiten asignar tanto
nombres de dominios como direcciones de correo individuales que van cambiando
a lo largo del tiempo de existencia de la lista de correo. Por ejemplo, Steve Githens
ha usado las direcciones de correo siguientes, según iba cambiando de trabajo a lo
largo del tiempo de existencia de la lista de desarrolladores de Sakai:

```
s-githens@northwestern.edu
sgithens@cam.ac.uk
swgithen@mtu.edu
```

Podemos añadir dos entradas en la tabla de asignación (Mapping) de **con-
tent.sqlite**, de modo que **gmodel.py** enlazará las tres direcciones en una:

```
s-githens@northwestern.edu -> swgithen@mtu.edu
sgithens@cam.ac.uk -> swgithen@mtu.edu
```

Puedes crear entradas similares en la tabla DNSMapping si hay múltiples nombres
DNS que quieres asignar a una única DNS. En los datos de Sakai se ha realizado
la siguiente asignación:

```
iupui.edu -> indiana.edu
```

de modo que todas las cuentas de los distintos campus de las Universidades de
Indiana son seguidas juntas.

Puedes volver a ejecutar **gmodel.py** una y otra vez mientras vas mirando los datos,
y añadir asignaciones para hacer que los datos queden más y más limpios. Cuando

lo hayas hecho, tendrás una bonita versión indexada del correo en **index.sqlite**.
Éste es el fichero que usaremos para analizar los datos. Con ese fichero, el análisis
de datos se realizará muy rápidamente.

El primer y más sencillo análisis de datos consistirá en determinar "¿quién ha
enviado más correos?", y "¿qué organización ha enviado más correos?". Esto se
realizará usando **gbasic.py**:

```
How many to dump? 5
Loaded messages= 51330 subjects= 25033 senders= 1584

Top 5 Email list participants
steve.swinsburg@gmail.com 2657
azeckoski@unicon.net 1742
ieb@tfd.co.uk 1591
csev@umich.edu 1304
david.horwitz@uct.ac.za 1184

Top 5 Email list organizations
gmail.com 7339
umich.edu 6243
uct.ac.za 2451
indiana.edu 2258
unicon.net 2055
```

Fíjate cómo **gbasic.py** funciona mucho más rápido que **gmane.py**, e incluso que
gmodel.py. Todos trabajan con los mismos datos, pero **gbasic.py** está usando los
datos comprimidos y normalizados de **index.sqlite**. Si tienes un montón de datos
que gestionar, un proceso multipaso como el que se realiza en esta aplicación
puede ser más largo de desarrollar, pero te ahorrará un montón de tiempo cuando
realmente comiences a explorar y visualizar los datos.

Puedes generar una vista sencilla con la frecuencia de cada palabra en las líneas
de título, usando el archivo **gword.py**:

```
Range of counts: 33229 129
Output written to gword.js
```

Esto genera el archivo **gword.js**, que puedes visualizar utilizando **gword.htm** para
producir una nube de palabras similar a la del comienzo de esta sección.

gline.py genera también una segunda vista. En este caso cuenta la participación
en forma de correos de las organizaciones a lo largo del tiempo.

```
Loaded messages= 51330 subjects= 25033 senders= 1584
Top 10 Oranizations
['gmail.com', 'umich.edu', 'uct.ac.za', 'indiana.edu',
'unicon.net', 'tfd.co.uk', 'berkeley.edu', 'longsight.com',
'stanford.edu', 'ox.ac.uk']
Output written to gline.js
```

Su salida es guardada en **gline.js**, que se puede visualizar usando **gline.htm**.

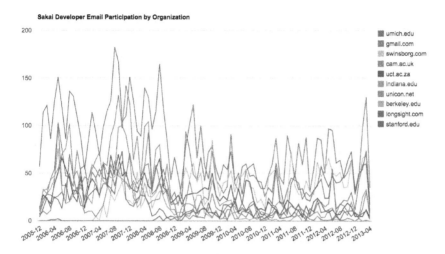

Esta aplicación es relativamente compleja y sofisticada, y dispone de características para realizar recuperación de datos reales, limpieza y visualización.

Capítulo 16

Automatización de tareas habituales en tu PC

Hemos estado leyendo datos desde ficheros, redes, servicios y bases de datos. Python puede moverse también a través de todos los directorios y carpetas de tus equipos y además leer los ficheros.

En este capítulo, vamos a escribir programas que busquen por todo el PC y realicen ciertas operaciones sobre cada fichero. Los archivos están organizados en directorios (también llamados "carpetas"). Scripts sencillos en Python pueden ocuparse de tareas simples que se tengan que repetir sobre cientos o miles de ficheros distribuidos a lo largo de un arbol de directorios o incluso por todo el equipo.

Para movernos a través de todos los directorios y archivos de un árbol usaremos `os.walk` y un bucle `for`. Es similar al modo en el que `open` nos permite usar un bucle para leer el contenido de un archivo, `socket` nos permite usar un bucle para leer el contenido de una conexión de red, y `urllib` nos permite abrir un documento web y movernos a través de su contenido.

16.1. Nombres de archivo y rutas

Cada programa en ejecución tiene su propio "directorio actual" (`current directory`), que es el directorio que usará por defecto para la mayoría de las operaciones. Por ejemplo, cuando abres un archivo en modo lectura, Python lo busca en el directorio actual.

El módulo `os` proporciona funciones para trabajar con archivos y directorios (os significa "Operating System" (Sistema Operativo). `os.getcwd` devuelve el nombre del directorio actual:

```
>>> import os
>>> cwd = os.getcwd()
```

```
>>> print cwd
/Users/csev
```

cwd significa **current working directory** (directorio de trabajo actual). El resultado en este ejemplo es /Users/csev, que es el directorio de inicio (home) para un usuario llamado csev.

Una cadena como cwd, que identifica un fichero, recibe el nombre de ruta. Una **ruta relativa** comienza en el directorio actual; una **ruta absoluta** comienza en el directorio superior del sistema de archivos.

Las rutas que hemos visto hasta ahora son simples nombres de fichero, de modo que son relativas al directorio actual. Para encontrar la ruta absoluta de un archivo se puede utilizar os.path.abspath:

```
>>> os.path.abspath('memo.txt')
'/Users/csev/memo.txt'
```

os.path.exists comprueba si un fichero o directorio existe:

```
>>> os.path.exists('memo.txt')
True
```

Si existe, os.path.isdir comprueba si se trata de un directorio:

```
>>> os.path.isdir('memo.txt')
False
>>> os.path.isdir('musica')
True
```

De forma similar, os.path.isfile comprueba si se trata de un fichero.

os.listdir devuelve una lista de los ficheros (y otros directorios) existentes en el directorio dado:

```
>>> os.listdir(cwd)
['musica', 'fotos', 'memo.txt']
```

16.2. Ejemplo: Limpieza de un directorio de fotos

Hace algún tiempo, construí un software parecido a Flickr, que recibía fotos desde mi teléfono móvil y las almacenaba en mi servidor. Lo escribí antes de que Flickr existiera y he continuado usándolo después, porque quería mantener las copias originales de mis imágenes para siempre.

También quería enviar una descripción sencilla, con una línea de texto en el mensaje MMS o como título del correo. Almacené esos mensajes en un fichero de texto en el mismo directorio que el fichero con la imagen. Se me ocurrió una estructura de directorios basada en el mes, año, día y hora en que cada foto había sido realizada. Lo siguiente sería un ejemplo del nombre de una foto y su descripción:

```
./2006/03/24-03-06_2018002.jpg
./2006/03/24-03-06_2018002.txt
```

Después de siete años, tenía un montón de fotos y descripciones. A lo largo de los años, como iba cambiando de teléfono, a veces mi código para extracr el texto de los mensajes fallaba y añadía un montón de datos inútiles al servidor en lugar de la descripción.

Quería revisar todos esos ficheros y averiguar cuáles de los textos eran realmente descripciones y cuáles eran simplemente basura, para poder eliminar los ficheros erróneos. Lo primero que hice fue generar un sencillo inventario de cuántos archivos de texto tenía en uno de los subdirectorios, usando el programa siguiente:

```
import os
contador = 0
for (nombredir, dirs, ficheros) in os.walk('.'):
    for nombrefichero in ficheros:
        if nombrefichero.endswith('.txt') :
            contador = contador + 1
print 'Ficheros:', contador

python txtcount.py
Ficheros: 1917
```

El trozo de código que hace esto posible es la librería de Python os.walk. Cuando llamamos a os.walk y le damos un directorio de inicio, "recorrerá"[1] todos los directorios y subdirectorios de forma recursiva. La cadena "." le indica que comience en el directorio actual y se mueva hacia abajo. A medida que va encontrando directorios, obtenemos tres valores en una tupla en el cuerpo del bucle for. El primer valor es el nombre del directorio actual, el segundo es la lista de subdirectorios dentro del actual y el tercer valor es la lista de ficheros que se encuentran en ese directorio.

No necesitamos mirar explícitamente dentro de cada uno de los subdirectorios, porque podemos contar con que os.walk terminará visitando cada uno de ellos. Pero sí que tendremos que fijarnos en cada fichero, de modo que usamos un sencillo bucle for para examinar cada uno de los archivos en el directorio actual. Verificamos cada fichero para comprobar si termina por ".txt", y así contamos el número de ficheros en todo el árbol de directorios que terminan con ese sufijo.

Una vez que tenemos una noción acerca de cuántos archivos terminan por ".txt", lo siguiente es intentar determinar automáticamente desde Python qué ficheros son incorrectos y cuáles están bien. De modo que escribimos un programa sencillo para imprimir en pantalla los nombres de los ficheros y el tamaño de cada uno:

```
import os
from os.path import join
for (nombredir, dirs, ficheros) in os.walk('.'):
    for nombrefichero in ficheros:
```

---

[1]"walk" significa "recorrer" (Nota del trad.)

```
if nombrefichero.endswith('.txt') :
    elfichero = os.path.join(nombredir,nombrefichero)
    print os.path.getsize(elfichero), elfichero
```

Ahora en vez de simplemente contar los ficheros, creamos un nombre de archivo concatenando el nombre del directorio con el nombre del archivo, usando `os.path.join`. Es importante usar `os.path.join` en vez de una simple concatenación de cadenas, porque en Windows para construir las rutas de archivos se utiliza la barra-invertida (\), mientras que en Linux o Apple se usa la barra normal (/). `os.path.join` conoce esas diferencias y sabe en qué sistema se está ejecutando, de modo que realiza la concatenación correcta dependiendo del sistema. Así el mismo código de Python puede ejecutarse tanto en Windows como en sistemas tipo Unix.

Una vez que tenemos el nombre del fichero completo con la ruta del directorio, usamos la utilidad `os.path.getsize` para obtener el tamaño e imprimirlo en pantalla, produciendo la salida siguiente:

```
python txtsize.py
...
18 ./2006/03/24-03-06_2303002.txt
22 ./2006/03/25-03-06_1340001.txt
22 ./2006/03/25-03-06_2034001.txt
...
2565 ./2005/09/28-09-05_1043004.txt
2565 ./2005/09/28-09-05_1141002.txt
...
2578 ./2006/03/27-03-06_1618001.txt
2578 ./2006/03/28-03-06_2109001.txt
2578 ./2006/03/29-03-06_1355001.txt
...
```

Si observamos la salida, nos damos cuenta de que algunos ficheros son demasiado pequeños y muchos otros son demasiado grandes y tienen siempre el mismo tamaño (2578 y 2565). Cuando examinamos manualmente algunos de esos ficheros grandes, descubrimos que no son nada más que un montón genérico de HTML idéntico, que ha entrado desde el correo enviado al sistema por mi teléfono T-Mobile:

```
<html>
    <head>
        <title>T-Mobile</title>
...
```

Ojeando uno de estos fichero, da la impresión de que no hay información aprovechable en él, de modo que lo más probable es que se puedan borrar.

Pero antes de borrarlos, escribiremos un programa que busque los ficheros que tengan más de una línea de longitud y muestre su contenido. No nos vamos a molestar en mostrarnos a nosotros mismos aquellos ficheros que tengan un tamaño exacto de 2578 ó 2565 caracteres, porque ya sabemos que esos no contienen ninguna información útil.

De modo que escribimos el programa siguiente:

```
import os
from os.path import join
for (nombredir, dirs, ficheros) in os.walk('.'):
  for nombrefichero in ficheros:
      if nombrefichero.endswith('.txt') :
          elfichero = os.path.join(nombredir,nombrefichero)
          tamano = os.path.getsize(elfichero)
          if tamano == 2578 or tamano == 2565:
              continue
          manf = open(elfichero,'r')
          lineas = list()
          for linea in manf:
              lineas.append(linea)
          manf.close()
          if len(lineas) > 1:
              print len(lineas), elfichero
              print lineas[:4]
```

Usamos un `continue` para omitir los ficheros con los dos "tamaños incorrectos", a continuación vamos abriendo el resto de los archivos, pasamos las líneas de cada uno de ellos a una lista de Python y si el archivo tiene más de una línea imprimimos en pantalla el número de líneas que contiene y el contenido de las tres primeras.

Parece que filtrando esos ficheros con los tamaños incorrectos, y asumiendo que todos los que tienen sólo una línea son correctos, se consiguen unos datos bastante claros:

```
python txtcheck.py
3 ./2004/03/22-03-04_2015.txt
['Little horse rider\r\n', '\r\n', '\r']
2 ./2004/11/30-11-04_1834001.txt
['Testing 123.\n', '\n']
3 ./2007/09/15-09-07_074202_03.txt
['\r\n', '\r\n', 'Sent from my iPhone\r\n']
3 ./2007/09/19-09-07_124857_01.txt
['\r\n', '\r\n', 'Sent from my iPhone\r\n']
3 ./2007/09/20-09-07_115617_01.txt
...
```

Pero existe aún un tipo de fichero molesto: hay algunos archivos con tres líneas que se han colado entre mis datos y que contienen dos líneas en blanco seguidas por una línea que dice "Sent from my iPhone". De modo que haremos el siguiente cambio al programa para tener en cuenta esos ficheros también:

```
          lineas = list()
          for linea in manf:
              lineas.append(linea)
          if len(lineas) == 3 and lineas[2].startswith('Sent from my iPhone'):
              continue
          if len(lineas) > 1:
              print len(lineas), elfichero
              print lineas[:4]
```

Simplemente comprobamos si tenemos un fichero con tres líneas, y si la tercera línea comienza con el texto especificado, lo saltamos.

Ahora, cuando ejecutamos el programa, vemos que sólo quedan cuatro ficheros multi-línea, y todos ellos parecen ser correctos:

```
python txtcheck2.py
3 ./2004/03/22-03-04_2015.txt
['Little horse rider\r\n', '\r\n', '\r']
2 ./2004/11/30-11-04_1834001.txt
['Testing 123.\n', '\n']
2 ./2006/03/17-03-06_1806001.txt
['On the road again...\r\n', '\r\n']
2 ./2006/03/24-03-06_1740001.txt
['On the road again...\r\n', '\r\n']
```

Si miras al diseño global de este programa, hemos ido refinando sucesivamente qué ficheros aceptamos o rechazamos, y una vez que hemos localizado un patrón "erróneo", usamos `continue` para saltar los ficheros que se ajustan a ese patrón, de modo que podríamos refinar aún más el código para localizar más patrones incorrectos.

Ahora estamos preparados para eliminar los ficheros, así que vamos a invertir la lógica y en lugar de imprimir en pantalla los ficheros correctos que quedan, vamos a imprimir los "incorrectos" que estamos a punto de eliminar.

```
import os
from os.path import join
for (nombredir, dirs, ficheros) in os.walk('.'):
    for nombrefichero in ficheros:
        if nombrefichero.endswith('.txt') :
            elfichero = os.path.join(nombredir,nombrefichero)
            tamano = os.path.getsize(elfichero)
            if tamano == 2578 or tamano == 2565:
                print 'T-Mobile:',elfichero
                continue
            manf = open(elfichero,'r')
            lineas = list()
            for linea in manf:
                lineas.append(linea)
            manf.close()
            if len(lineas) == 3 and lineas[2].startswith('Sent from my iPhone'):
                print 'iPhone:', elfichero
                continue
```

Ahora podemos ver una lista de ficheros candidatos al borrado, junto con el motivo por el que van a ser eliminados. El programa produce la salida siguiente:

```
python txtcheck3.py
...
T-Mobile: ./2006/05/31-05-06_1540001.txt
T-Mobile: ./2006/05/31-05-06_1648001.txt
iPhone: ./2007/09/15-09-07_074202_03.txt
iPhone: ./2007/09/15-09-07_144641_01.txt
```

```
iPhone: ./2007/09/19-09-07_124857_01.txt
...
```

Podemos ir revisando estos ficheros para asegurarnos de que no hemos introducido un error en el programa de forma inadvertida, o de que quizás nuestra lógica captura algún fichero que no queremos que tome.

Una vez hemos comprobado que ésta es la lista de los archivos que de verdad queremos eliminar, realizamos los cambios siguientes en el programa:

```
        if tamano == 2578 or tamano == 2565:
            print 'T-Mobile:',elfichero
            os.remove(elfichero)
            continue
...
        if len(lineas) == 3 and lineas[2].startswith('Sent from my iPhone'):
            print 'iPhone:', elfichero
            os.remove(elfichero)
            continue
```

En esta versión del programa, primero mostramos los ficheros erróneos en pantalla y luego los eliminamos usando `os.remove`.

```
python txtdelete.py
T-Mobile: ./2005/01/02-01-05_1356001.txt
T-Mobile: ./2005/01/02-01-05_1858001.txt
...
```

Si por diversión ejecutas el programa por segunda vez, no producirá ninguna salida, ya que los ficheros incorrectos ya no estarán.

Si volvemos a ejecutar `txtcount.py`, podremos ver que se han eliminado 899 ficheros incorrectos:

```
python txtcount.py
Ficheros: 1018
```

En esta sección, hemos seguido una secuencia en la cual usamos a Python en primer lugar para buscar a través de los directorios y archivos, comprobando patrones. Hemos utilizado también a Python para, poco a poco, determinar qué queríamos hacer para limpiar los directorios. Una vez supimos qué ficheros eran buenos y cuáles inútiles, utilizamos de nuevo a Python para eliminar los ficheros y realizar la limpieza.

El problema que necesites resolver puede ser bastante sencillo, y quizás sólo tengas que comprobar los nombres de los ficheros. O tal vez necesites leer cada fichero completo y buscar ciertos patrones en el interior del mismo. A veces necesitarás leer todos los ficheros y realizar un cambio en algunos de ellos. Todo esto resulta bastante sencillo una vez que comprendes cómo utilizar `os.walk` y las otras utilidades `os`.

16.3.   Argumentos de línea de comandos

En capítulos anteriores, teníamos varios programas que usaban `raw_input` para pedir el nombre de un fichero, y luego leían datos de ese fichero y los procesaban de este modo:

```
nombre = raw_input('Introduzca fichero:')
manejador = open(nombre, 'r')
texto = manejador.read()
...
```

Podemos simplificar este programa un poco si tomamos el nombre del fichero de la línea de comandos al iniciar Python. Hasta ahora, simplemente ejecutábamos nuestros programas de Python y respondíamos a la petición de datos de este modo:

```
python words.py
Introduzca fichero: mbox-short.txt
...
```

Podemos colocar cadenas adicionales después del nombre del fichero que contiene el código de Python y acceder a esos **argumentos de línea de comandos** desde el propio programa Python. Aquí tenemos un programa sencillo que ilustra la lectura de argumentos desde la línea de comandos:

```
import sys
print 'Cantidad:', len(sys.argv)
print 'Tipo:', type(sys.argv)
for arg in sys.argv:
   print 'Argumento:', arg
```

El contenido de `sys.argv` es una lista de cadenas en la cual la primera es el nombre del programa Python y las siguientes son los argumentos que se han escrito en la línea de comandos detrás de ese nombre.

Lo siguiente muestra nuestro programa leyendo varios argumentos desde la línea de comandos:

```
python argtest.py hola aquí
Cantidad: 3
Tipo: <type 'list'>
Argumento: argtest.py
Argumento: hola
Argumento: aquí
```

Hay tres argumentos que se han pasado a nuestro programa, en forma de lista con tres elementos. El primer elemento de la lista es el nombre del fichero (argtest.py) y los otros son los dos argumentos de línea de comandos que hemos escrito detrás de ese nombre del fichero.

Podemos reescribir nuestro programa para leer ficheros, tomando el nombre del fichero a leer desde un argumento de la línea de comandos, de este modo:

```
import sys

nombre = sys.argv[1]
manejador = open(nombre, 'r')
texto = manejador.read()
print nombre, 'tiene', len(texto), 'bytes'
```

Tomamos el segundo argumento de la línea de comandos y lo usamos como nombre para el fichero (omitiendo el nombre del programa, que está en la entrada anterior de la lista, `[0]`). Abrimos el fichero y leemos su contenido así:

```
python argfile.py mbox-short.txt
mbox-short.txt tiene 94626 bytes
```

El uso de argumentos de línea de comandos como entrada puede hacer más sencillo reutilizar tus programa Python, especialmente cuando sólo necesitas introducir una o dos cadenas.

16.4.   Pipes (tuberías)

La mayoría de los sistemas operativos proporcionan una interfaz de línea de comandos, también conocida como **shell**. Las `shells` normalmente proporcionan comandos para navegar por el sistema de ficheros y ejecutar aplicaciones. Por ejemplo, en Unix se cambia de directorio con `cd`, se muestra el contenido de un directorio con `ls`, y se ejecuta un navegador web tecleando (por ejemplo) `firefox`.

Cualquier programa que se ejecute desde la shell puede ser ejecutado también desde Python usando una **pipe** (tubería). Una tubería es un objeto que representa a un proceso en ejecución.

Por ejemplo, el comando de Unix[2] `ls -l` normalmente muestra el contenido del directorio actual (en formato largo). Se puede ejecutar `ls` con `os.popen`:

```
>>> cmd = 'ls -l'
>>> fp = os.popen(cmd)
```

El argumento de `os.popen` es una cadena que contiene un comando de la shell. El valor de retorno es un puntero a un fichero que se comporta exactamente igual que un fichero abierto. Se puede leer la salida del proceso `ls` línea a línea usando `readline`, u obtener todo de una vez con `read`:

```
>>> res = fp.read()
```

Cuando hayas terminado, debes cerrar la tubería, como harías con un fichero:

```
>>> stat = fp.close()
>>> print stat
None
```

---

[2]Cuando se usan tuberías para comunicarse con comandos del sistema operativo como `ls`, es importante que sepas qué sistema operativo estás utilizando y que sólo abras tuberías hacia comandos que estén soportados en ese sistema operativo.

El valor de retorno es el estado final del proceso `ls`; `None` significa que ha terminado con normalidad (sin errores).

16.5.   Glosario

argumento de línea de comandos: Parámetros de la línea de comandos que van detrás del nombre del fichero Python.

checksum: Ver también **hashing**. El término "checksum" (suma de comprobación) viene de la necesidad de verificar si los datos se han alterado al enviarse a través de la red o al escribirse en un medio de almacenamiento y luego ser leídos de nuevo. Cuando los datos son escritos o enviados, el sistema de envío realiza una suma de comprobación (checksum) y la envía también. Cuando los datos se leen o reciben, el sistema de recepción recalcula la suma de comprobación de esos datos y lo compara con la cifra recibida. Si ambas sumas de comprobación no coinciden, se asume que los datos se han alterado durante la transmisión.

directorio de trabajo actual: El directorio actual "en" que estás. Puedes cambiar el directorio de trabajo usando el comando `cd` en la interfaz de línea de comandos de la mayoría de los sistemas. Cuando abres un fichero en Python usando sólo el nombre del fichero sin información acerca de la ruta, el fichero debe estar en el directorio de trabajo actual, en el cual estás ejecutando el programa.

hashing: Lectura a través de una cantidad potencialmente grande de datos para producir una suma de comprobación única para esos datos. Las mejores funciones hash producen muy pocas "colisiones". Las colisiones se producen cuando se envían dos cadenas de datos distintas a la función de hash y ésta devuelve el mismo hash para ambas. MD5, SHA1, y SHA256 son ejemplos de funciones hash comúnmente utilizadas.

pipe (tubería): Una `pipe` o tubería es una conexión con un programa en ejecución. Se puede escribir un programa que envíe datos a otro o reciba datos desde ese otro mediante una tubería. Una tubería es similar a un **socket**, excepto que una tubería sólo puede utilizarse para conectar programas en ejecución dentro del mismo equipo (es decir, no se puede usar a través de una red).

ruta absoluta: Una cadena que describe dónde está almacenado un fichero o directorio, comenzando desde la "parte superior del árbol de directorios", de modo que puede usarse para acceder al fichero o directorio, independientemente de cual sea el directorio de trabajo actual.

ruta relativa: Una cadena que describe dónde se almacena un fichero o directorio, relativo al directorio de trabajo actual.

shell: Una interfaz de línea de comandos de un sistema operativo. También se la llama "terminal de programas" en ciertos sistemas. En esta interfaz se escriben el comando y sus parámetros en una línea y se pulsa "intro" para ejecutarlo.

walk (recorrer): Un término que se usa para describir el concepto de visitar el árbol completo de directorios, subdirectorios, sub-subdirectorios, hasta que se han visitado todos. A esto se le llama "recorrer el árbol de directorios".

16.6. Ejercicios

Ejercicio 16.1 En una colección extensa de archivos MP3 puede haber más de una copia de la misma canción, almacenadas en distintos directorios o con nombres de archivo diferentes. El objetivo de este ejercicio es buscar esos duplicados.

1. Escribe un programa que recorra un directorio y todos sus subdirectorios, buscando los archivos que tengan un sufijo determinado (como .mp3) y liste las parejas de ficheros que tengan el mismo tamaño. Pista: Usa un diccionario en el cual la clave sea el tamaño del fichero obtenido con `os.path.getsize` y el valor sea el nombre de la ruta concatenado con el nombre del fichero. Cada vez que encuentres un fichero, verifica si ya tienes otro con el mismo tamaño. Si es así, has localizado un par de duplicados, de modo que puedes imprimir el tamaño del archivo y los dos nombres (el guardado en el diccionario y el del fichero que estás comprobando).

2. Adapta el programa anterior para buscar ficheros que tengan contenidos duplicados usando un algoritmo de hashing o **cheksum** (suma de comprobación). Por ejemplo, MD5 (Message-Digest algorithm 5) toma un "mensaje" de cualquier longitud y devuelve una "suma de comprobación" de 128 bits. La probabilidad de que dos ficheros con diferentes contenidos devuelvan la misma suma de comprobación es muy pequeña.

   Puedes leer más acerca de MD5 en `es.wikipedia.org/wiki/MD5`. El trozo de código siguiente abre un fichero, lo lee y calcula su suma de comprobación:

```
import hashlib
...
        manf = open(elfichero,'r')
        datos = manf.read()
        manf.close()
        checksum = hashlib.md5(datos).hexdigest()
```

   Debes crear un diccionario en el cual la suma de comprobación sea la clave y el nombre del fichero el valor. Cuando calcules una suma de comprobación y ésta ya se encuentre como clave dentro del diccionario, habrás localizado dos ficheros con contenido duplicado, de modo que puedes imprimir en pantalla el nombre del fichero que tienes en el diccionario y el del archivo que acabas de leer. He aquí una salida de ejemplo de la ejecución del programa en una carpeta con archivos de imágenes:

```
./2004/11/15-11-04_0923001.jpg ./2004/11/15-11-04_1016001.jpg
./2005/06/28-06-05_1500001.jpg ./2005/06/28-06-05_1502001.jpg
./2006/08/11-08-06_205948_01.jpg ./2006/08/12-08-06_155318_02.jpg
```

Aparentemente, a veces envío la misma foto más de una vez, o hago una copia de una foto de vez en cuando sin eliminar después la original.

Apéndice A

Programando con Python en Windows

En este apéndice, mostraremos una serie de pasos para que puedas ejecutar Python en Windows. Existen muchos métodos diferentes que se pueden seguir, y éste es sólo uno de ellos que intenta hacer las cosas de una forma sencilla.

Lo primero que necesitas es instalar un editor de código. No querrás utilizar Notepad o Microsoft Word para editar programas en Python. Los programas deberán estar en ficheros de "texto plano" o "sin formato" (plain text), de modo que necesitas un editor que sea capaz de editar ese tipo de archivos de texto.

Nuestra recomendación como editor para Windows es NotePad++, que puede descargarse e instalarse desde:

```
https://notepad-plus-plus.org/
```

Luego descarga una versión actual de Python 2 desde el sitio web `www.python.org`.

```
https://www.python.org/downloads/
```

Una vez hayas instalado Python, deberías tener una carpeta nueva en tu equipo como `C:\Python27`.

Para crear un programa en Python, ejecuta NotePad++ desde el menú de Inicio de Windows y guarda el fichero con la extensión ".py". Para este ejercicio, crea una carpeta en tu Escritorio llamada `p4inf`. Es mejor usar nombres de carpeta cortos, y no utilizar espacios en los nombres de carpetas ni de archivos.

Vamos a hacer que nuestro primer programa en Python sea:

```
print 'Hola, Chuck'
```

Excepto que deberías cambiarlo para que escriba tu nombre. Guarda el fichero en Escritorio\py4inf\prog1.py.

Luego abre una ventana de línea de comandos. En cada versión de Windows se hace de una forma diferente:

- Windows 10: Teclea `command` o `cmd` en el cuadro de búsqueda que se encuentra en la barra de tareas, en la parte inferior del Escritorio, y pulsa intro.

- Windows Vista y Windows 7: Pulsa el botón de **Inicio** y luego en la ventana de búsqueda de comandos introduce la palabra `command` y pulsa intro.

- Windows XP: Pulsa el botón de **Inicio**, luego **Ejecutar**, y a continuación introduce `cmd` en la ventana de diálogo y pulsa **OK**.

Te encontrarás en una ventana de texto con un indicador que te dice en qué carpeta estás actualmente ubicado.

Windows Vista y Windows 7-10: `C:\Users\csev`
Windows XP: `C:\Documents and Settings\csev`

Éste es tu "directorio de inicio" (`home`). Ahora tenemos que movernos hasta la carpeta donde hemos guardado nuestro programa Python usando los siguientes comandos:

```
C:\Users\csev\> cd Desktop
C:\Users\csev\Desktop> cd py4inf
```

Luego teclea

```
C:\Users\csev\Desktop\py4inf> dir
```

para mostrar un listado de tus archivos. Al hacerlo, deberías ver el archivo `prog1.py`.

Para ejecutar tu programa, simplemente teclea el nombre del fichero en el indicador de comando y pulsa intro.

```
C:\Users\csev\Desktop\py4inf> prog1.py
Hola, Chuck
C:\Users\csev\Desktop\py4inf>
```

Puedes editar el fichero en NotePad++, guardarlo, y luego volver a la línea de comandos y ejecutarlo otra vez, tecleando de nuevo el nombre del fichero en el indicador.

Si te has perdido en la ventana de la línea de comandos, tan solo tienes que cerrarla y abrir una nueva.

Pista: También puedes pulsar la tecla "flecha arriba" en la línea de comandos para desplazarte hacia atrás y ejecutar de nuevo un comando introducido anteriormente.

Además, deberías buscar en las preferencias de NotePad++, y ajustarlas para que sustituya los caracteres de tabulación por cuatro espacios. Esto te ahorrará un montón de esfuerzo a la hora de localizar errores de justificación en el código.

Puedes encontrar más información sobre la edición y ejecución de programas en Python en `www.py4inf.com`.

Apéndice B

Programando con Python en Macintosh

En este apéndice, mostraremos una serie de pasos para que puedas ejecutar Python en Macintosh. Dado que Python ya viene incluido en el sistema Operativo Macintosh, sólo tenemos que aprender cómo editar ficheros y ejecutar programas de Python en la ventana del terminal.

Existen muchos métodos diferentes que se pueden seguir para editar y ejecutar programas de Python, y éste es sólo uno que creo que resulta muy sencillo.

Lo primero que necesitas es instalar un editor de código. No querrás utilizar TextEdit o Microsoft Word para editar programas en Python. Los programas deben estar en ficheros de "texto plano" o "sin formato" (plain text), de modo que necesitarás un editor que sea capaz de editar ese tipo de archivos de texto.

Nuestra recomendación como editor para Macintosh es TextWrangler, que puede descargarse e instalarse desde:

http://www.barebones.com/products/TextWrangler/

Para crear un programa Python, ejecuta **TextWrangler** desde tu carpeta **Aplicaciones**.

Vamos a hacer que nuestro primer programa en Python sea:

```
print 'Hola, Chuck'
```

Excepto que deberías cambiarlo para que escriba tu nombre. Guarda el fichero en una carpeta en tu escritorio llamada p4inf. Es mejor usar nombres de carpeta cortos, y no utilizar espacios en los nombres de carpetas ni de archivos. Una vez hayas creado la carpeta, guarda el fichero en Desktop\py4inf\prog1.py.

Luego ejecuta el programa **Terminal**. El modo más sencillo es pulsar el icono Spotlight (la lupa) en la esquina superior derecha de tu pantalla, introducir "terminal", y lanzar la aplicación que aparece.

Siempre empiezas en tu "directorio de inicio" (home). Puedes ver el directorio actual tecleando el comando pwd en la ventana del terminal.

```
67-194-80-15:~ csev$ pwd
/Users/csev
67-194-80-15:~ csev$
```

Tienes que estar en la carpeta que contiene tu programa en Python para poder ejecutarlo. Usa el comando cd para moverte a una nueva carpeta y luego usa el comando ls para mostrar un listado de los ficheros de esa carpeta.

```
67-194-80-15:~ csev$ cd Desktop
67-194-80-15:Desktop csev$ cd py4inf
67-194-80-15:py4inf csev$ ls
prog1.py
67-194-80-15:py4inf csev$
```

Para ejecutar tu programa, simplemente teclea el comando python seguido por el nombre de tu fichero en el indicador de comandos y pulsa intro.

```
67-194-80-15:py4inf csev$ python prog1.py
Hello Chuck
67-194-80-15:py4inf csev$
```

Puedes editar el fichero en TextWrangler, guardarlo, y luego volver a la línea de comandos y ejecutarlo otra vez, tecleando de nuevo el nombre del fichero en el indicador.

Si te has perdido en la ventana de la línea de comandos, tan solo tienes que cerrarla y abrir una nueva.

Pista: También puedes pulsar la tecla "flecha arriba" en la línea de comandos para desplazarte hacia atrás y ejecutar de nuevo un comando introducido anteriormente.

Además, deberías buscar en las preferencias de TextWrangler, y ajustarlas para que sustituya los caracteres de tabulación por cuatro espacios. Esto te ahorrará un montón de esfuerzo a la hora de localizar errores de justificación en el código.

Puedes encontrar más información sobre la edición y ejecución de programas en Python en www.py4inf.com.

Apéndice C

Colaboraciones

Lista de colaboradores de "Python para Informáticos"

Bruce Shields por la edición de la copia de los primeros borradores, Sarah Hegge, Steven Cherry, Sarah Kathleen Barbarow, Andrea Parker, Radaphat Chongtham-makun, Megan Hixon, Kirby Urner, Sarah Kathleen Barbrow, Katie Kujala, Noah Botimer, Emily Alinder, Mark Thompson-Kular, James Perry, Eric Hofer, Eytan Adar, Peter Robinson, Deborah J. Nelson, Jonathan C. Anthony, Eden Rassette, Jeannette Schroeder, Justin Feezell, Chuanqi Li, Gerald Gordinier, Gavin Thomas Strassel, Ryan Clement, Alissa Talley, Caitlin Holman, Yong-Mi Kim, Karen Stover, Cherie Edmonds, Maria Seiferle, Romer Kristi D. Aranas (RK), Grant Boyer, Hedemarrie Dussan, Fernando Tardío por la traducción al español.

Prefacio para "Think Python"

La extraña historia de "Think Python"

(Allen B. Downey)

En Enero de 1999, estaba preparándome para enseñar una clase de introducción a la programación en Java. Había impartido el curso tres veces y me estaba frustrando. La tasa de fracaso en la clase era demasiado alta e, incluso aquellos estudiantes que aprobaban, lo hacían con un nivel general de conocimientos demasiado bajo.

Me di cuenta de que uno de los problemas eran los libros. Eran demasiado grandes, con demasiados detalles innecesarios de Java, y sin suficiente orientación de alto nivel sobre cómo programar. Y todos ellos sufrían el mismo efecto trampilla: comenzaban siendo muy fáciles, avanzaban poco a poco, y en algún lugar alrededor del Capítulo 5 el suelo desaparecía. Los estudiantes recibían demasiado material nuevo demasiado rápido, y yo tenía que pasar el resto del semestre recogiendo los pedazos.

Dos semanas antes del primer día de clase, decidí escribir mi propio libro. Mis objetivos eran:

- Hacerlo breve. Para los estudiantes es mejor leer 10 páginas que no tener que leer 50.

- Ser cuidadoso con el vocabulario. Intenté minimizar la jerga y definir cada término al usarlo la primera vez.

- Construir poco a poco. Para evitar las trampillas, tomé los temas más difíciles y los dividí en una serie de pasos más pequeños.

- Enfocarlo a la programación, no al lenguaje de programación. Incluí el subconjunto de Java mínimo imprescindible y excluí el resto.

Necesitaba un título, de modo que elegí caprichosamente *How to Think Like a Computer Scientist* (Cómo pensar como un informático).

Mi primera versión era tosca, pero funcionaba. Los estudiantes la leían, y comprendían lo suficiente como para que pudiera emplear el tiempo de clase en tratar los temas difíciles, los temas interesantes y (lo más importante) dejar a los estudiantes practicar.

Publiqué el libro bajo Licencia de Documentación Libre GNU (`GNU Free Documentation License`), que permite a los usuarios copiar, modificar y distribuir el libro.

Lo que sucedió después es la parte divertida. Jeff Elkner, un profesor de escuela secundaria de Virginia, adoptó mi libro y lo tradujo para Python. Me envió una copia de su traducción, y tuve la inusual experiencia de aprender Python leyendo mi propio libro.

Jeff y yo revisamos el libro, incorporamos un caso práctico realizado por Chriss Meyers, y en 2001 publicamos *How to Think Like a Computer Scientist: Learning with Python* (Cómo pensar como un informático: Aprendiendo con Python), también bajo Licencia de Documentación Libre GNU (`GNU Free Documentation License`). Publiqué el libro como `Green Tea Press` y comencé a vender copias en papel a través de Amazon.com y librerías universitarias. Hay otros libros de `Green Tea Press` disponibles en `greenteapress.com`.

En 2003, comencé a impartir clases en el Olin College y tuve que enseñar Python por primera vez. El contraste con Java fue notable. Los estudiantes se tenían que esforzar menos, aprendían más, trabajaban en proyectos más interesantes, y en general se divertían mucho más.

Durante los últimos cinco años he continuado desarrollando el libro, corrigiendo errores, mejorando algunos de los ejemplos y añadiendo material, especialmente ejercicios. En 2008 empecé a trabajar en una revisión general—al mismo tiempo, se puso en contacto conmigo un editor de la Cambridge University Press interesado en publicar la siguiente edición. ¡Qué oportuno!

Espero que disfrutes con este libro, y que te ayude a aprender a programar y a pensar, al menos un poquito, como un informático.

Agradecimientos por "Think Python"

(Allen B. Downey)

Lo primero y más importante, mi agradecimiento a Jeff Elkner por haber traducido mi libro de Java a Python, ya que eso fue lo que hizo comenzar este proyecto y me introdujo en el que se ha convertido en mi lenguaje de programación favorito.

Quiero dar las gracias también a Chris Meyers, que ha contribuído en varias secciones de *How to Think Like a Computer Scientist*.

Y agradezco a la `Free Software Foundation` (Fundación de Software Libre) por haber desarrollado la `GNU Free Documentation License`, que ha ayudado a que mi colaboración con Jeff y Chris fuera posible.

Tambien quiero agradecer a los editores de Lulu que trabajaron en *How to Think Like a Computer Scientist*.

Doy las gracias a todos los estudiantes que trabajaron con las primeras versiones de este libro y a todos los colaboradores (listados en un Apéndice) que han enviado correcciones y sugerencias.

Y quiero dar las gracias a mi mujer, Lisa, por su trabajo en este libro, en `Green Tea Press`, y por todo lo demás, también.

Allen B. Downey
Needham MA

Allen Downey es un Profesor Asociado de Informática en el `Franklin W. Olin College of Engineering`.

Lista de colaboradores de "Think Python"

(Allen B. Downey)

Más de 100 lectores perspicaces y atentos me han enviado sugerencias y correcciones a lo largo de los últimos años. Su contribución y entusiasmo por este proyecto han resultado de gran ayuda.

Para conocer los detalles sobre la naturaleza de cada una de las contribuciones de estas personas, mira en el texto de "Think Python".

Lloyd Hugh Allen, Yvon Boulianne, Fred Bremmer, Jonah Cohen, Michael Conlon, Benoit Girard, Courtney Gleason and Katherine Smith, Lee Harr, James Kaylin, David Kershaw, Eddie Lam, Man-Yong Lee, David Mayo, Chris McAloon, Matthew J. Moelter, Simon Dicon Montford, John Ouzts, Kevin Parks, David Pool, Michael Schmitt, Robin Shaw, Paul Sleigh, Craig T. Snydal, Ian Thomas, Keith Verheyden, Peter Winstanley, Chris Wrobel, Moshe Zadka, Christoph Zwerschke, James Mayer, Hayden McAfee, Angel Arnal, Tauhidul Hoque and Lex Berezhny, Dr. Michele Alzetta, Andy Mitchell, Kalin Harvey, Christopher P. Smith, David Hutchins, Gregor Lingl, Julie Peters, Florin Oprina, D. J. Webre, Ken, Ivo Wever, Curtis Yanko, Ben Logan, Jason Armstrong, Louis Cordier, Brian Cain, Rob Black, Jean-Philippe Rey at Ecole Centrale Paris, Jason Mader at George Washington University made a number Jan Gundtofte-Bruun, Abel David and Alexis Dinno, Charles Thayer, Roger Sperberg, Sam Bull, Andrew Cheung, C. Corey Capel, Alessandra, Wim Champagne, Douglas Wright, Jared Spindor, Lin Peiheng, Ray Hagtvedt, Torsten Hübsch, Inga Petuhhov, Arne Babenhauserheide, Mark E. Casida, Scott Tyler, Gordon Shephard, Andrew Turner, Adam Hobart, Daryl Hammond and Sarah Zimmerman, George Sass, Brian Bingham, Leah Engelbert-Fenton, Joe Funke, Chao-chao Chen, Jeff Paine, Lubos Pintes, Gregg Lind and Abigail Heithoff, Max Hailperin, Chotipat Pornavalai, Stanislaw Antol, Eric Pashman, Miguel Azevedo, Jianhua Liu, Nick King, Martin Zuther, Adam Zimmerman, Ratnakar Tiwari, Anurag Goel, Kelli Kratzer, Mark Griffiths, Roydan Ongie, Patryk Wolowiec, Mark Chonofsky, Russell Coleman, Wei Huang, Karen Barber, Nam Nguyen, Stéphane Morin, Fernando Tardío, y Paul Stoop.

Apéndice D

Detalles del Copyright

Hubiéramos preferido publicar el libro bajo la licencia CC-BY-SA, que es menos restrictiva. Pero, por desgracia, existen unas pocas organizaciones sin escrúpulos que buscan y encuentran libros con licencias libres y luego los publican y venden copias virtualmente idénticas de esos libros en un servició de impresión bajo demanda, como Lulu o CreateSpace. CreateSpace ha añadido (afortunadamente) una norma que da preferencia a los deseos del titular real del copyright sobre un titular sin derechos que pretenda publicar un trabajo con licencia libre. Por desgracia, existen muchos servicios de impresión bajo demanda y muy pocos tienen unas normas tan consideradas como CreateSpace.

Con pesar, he añadido el elemento NC a la licencia de este libro para poder recurrir en caso de que alguien intente clonar el libro y venderlo comercialmente. Por desgracia, al añadir NC se limitan otros usos de este material que sí me gustaría permitir. De modo que he añadido esta sección del documento para describir aquellas situaciones específicas de uso del material de este libro que algunos podrían considerar comerciales y para las cuales doy mi permiso por adelantado.

- Si imprimes un número limitado de copias de todo o parte de este libro para usar en un curso (es decir, como material para el curso), entonces tienes concedida licencia CC-BY para usar este material para ese propósito.

- Si eres profesor de una universidad, traduces este libro a un idioma distinto del inglés y lo utilizas para enseñar, puedes contactar conmigo y te concederé una licencia CC-BY-SA para estos materiales, con respecto a la publicación de tu traducción. En particular, tendrás permiso para vender comercialmente el libro traducido resultante.

Si estás interesado en traducir el libro, puedes ponerte en contacto conmigo para asegurarnos de que tienes todos los materiales relacionados con el curso, para que puedas traducirlos también.

Por supuesto, estás invitado a ponerte en contacto conmigo y pedirme permiso si estas clausulas no son suficientes. En cualquier caso, el permiso para reutilizar y remezclar este material está concedido siempre que se produzca un claro valor añadido o beneficio para los estudiantes o profesores que se unan como resultado del nuevo trabajo.

Charles Severance
www.dr-chuck.com
Ann Arbor, MI, USA
9 de Septiembre de 2013

Índice alfabético

www.ingramcontent.com/pod-product-compliance
Lightning Source LLC
Chambersburg PA
CBHW060538060326
40690CB00017B/3536